I0120415

Josef

Bo

ck

Die Papier-Stereotypie

Ein Lehr- und Nachschlagebuch

Josef
Bo
..
ck

Die Papier-Stereotypie
Ein Lehr- und Nachschlagebuch

ISBN/EAN: 9783743403628

Hergestellt in Europa, USA, Kanada, Australien, Japan

Cover: Foto ©Andreas Hilbeck / pixelio.de

Manufactured and distributed by brebook publishing software (www.brebook.com)

Josef
Bo

ck

Die Papier-Stereotypie

Die
Papier-Stereotypie.

Ein Lehr- und Nachschlagebuch.

Unter Mitwirkung erster Fachmänner und Benützung der
besten Quellen herausgegeben

von

Josef Böck,

Verfasser mehrerer graphisch-technischer und -geschichtlicher Fachschriften, Mitarbeiter an
Waldow's „Encyclopädie" und an mehreren Fachblättern. Herausgeber des
„Gutenbergbuches".

Anhang: Die Celluloid-Stereotypie.

Mit 47 Abbildungen.

Leipzig.
Verlag von Moritz Schäfer.
1886.

Vorrede.

Das vorliegende Buch ist ein Sammelwerk, welches, soweit menschliche Möglichkeit reicht, Alles vereinigen soll, was seit mehr als einem Decennium sich auf dem Gebiete der Papier = Stereotypie ereignete. Die Verdienste eines solchen Werkes können nicht verkannt werden. Die größeren und kleineren Mitteilungen irgend eines graphischen Zweiges, welche sich in den zahlreichen fachlitterarischen Erscheinungen vorfinden, sind nicht allen Fachleuten zugänglich; wir haben Gelegenheit gehabt dies zu erfahren. Mehr als fünf Jahre Sammelns, vielfache Korrespondenzen und persönliche Interventionen haben das im vorliegenden Buche gebrachte Material zusammengetragen. Sollte es uns dennoch nicht gelungen sein, ein umfassenderes Sammelwerk vor die Öffentlichkeit gebracht zu haben, so ist es gewiß damit zu entschuldigen, daß ein Erstlingswerk stets etwas zu wünschen übrig läßt und daß es ungleich leichter ist, auf etwas Gutem ein Besseres zu gründen; wir wissen Alle, daß nur aus der Kritik des Bestehenden das Bessere hervorgehen kann. Im Übrigen, um mit unserm gelehrten Breitkopf zu sprechen, wird uns jede Aufklärung angenehm sein, denn wer Wahrheit liebt, der heißt sie immer willkommen; bedeutet sie ja doch stets einen neuen Fortschritt, eine Erweiterung unseres Wissens!

Eine Eigentümlichkeit im Sammelwerk ist, daß sich hier verschiedene Meinungen treffen. Wo das Unpraktische einer technischen Erfindung rc. nicht auf das Entschiedenste nachgewiesen ist, verlangt der Charakter des Buches die Aufnahme. Es ist übrigens eine alte Erfahrungssache, daß gegenteilige Meinungen zum Denken anspornen, und daß aus der Opposition direkt oder indirekt das hervorging, was der Menschheit heute Nutzen gewährt; im Grunde genommen strebt die Opposition, wenigstens im technischen Erfindungs-Gebiete, immer das Bessere an, sie ist die Bewegung und ohne dieser giebt es kein Leben, keinen Fortschritt. — Es war bei der Sichtung aller der vorkommenden Themas nicht immer so leicht; wie in rein historischen Dingen, kann auch in technisch=geschichtlichen oder rein technischen der strengste Beweis nicht immer bei der Hand sein.

Die bei dem Unternehmen beteiligten Fachmänner, die benützte Quellenlitteratur, geben indeß Jedem die Bürg=schaft, daß das Beste angestrebt wurde. Von Büchern und Zeitschriften wurden außer manchen Anderem, das im Laufe des Werkes genannt ist, benutzt:

Archimowitz: Papier=Stereotypie, Schloßer: das Löten, Krupp: die Legierungen, Scherer: Chemigraphie, Schelter & Giesecke: Mitteilungen, Franke: Katechismus der Buchdrucker=kunst, Waldow: die Buchdruckerkunst und Encyklopädie der graphischen Künste, Dr. Böckmann: Celluloid, Ar=chiv und Journal für Buchdruckerkunst, deutsche Buch=drucker=Zeitung, österreichische Buchdrucker=Zeitung, deutsch=amerikanische Buchdrucker=Zeitung, die meisten englischen und fast alle französischen Fachzeitschriften.

Wegen des Anhanges: „Die Celluloid=Stereotypie" haben wir uns kaum zu rechtfertigen. Die Celluloid=Stereotypie scheint uns eine so bedeutende Zukunft zu haben, daß ihre Nennung nur als ein Verdienst, einer guten Sache genützt zu haben, zu betrachten ist. In großen Um=

rissen weiß Jeder wie es mit den bedeutendsten Errungen=
schaften, als sie noch in den Kinderschuhen sich bewegten,
stand. —

Zum Schlusse sei allen Mitarbeitern, die teils im
Laufe des Werkes genannt sind, teils ungenannt bleiben
wollten, der wärmste Dank für ihre gütige Unterstützung
und Teilnahme ausgesprochen.

Möge das Buch eine freundliche und empfehlende Auf=
nahme finden.

Der Herausgeber.

Inhalt.

Erster Teil.

Geschichte und Leistungsfähigkeit.

Zweiter Teil.

Praktisches. (Von A. Jsermann).

Dritter Teil.
Neue Verfahren und Erfahrungen.

Anhang.
Die Celluloid-Stereotypie.

·

Erster Teil.

Geschichte und Leistungsfähigkeit.

Nach einer, vor einigen Jahren aufgefundenen Quelle ist anzunehmen, daß die Papier-Stereotypie schon zu Ende des siebzehnten Jahrhunderts betrieben wurde. Diese Quelle ist eine zu Nürnberg 1705 in neuer Auflage erschienene „Kunst- und Werkschul" in zwei Quartbänden, welche auf mehr als dreitausend Seiten „mehrere Tausend Rezepte für alle möglichen Handwerke und Künste, sowie viele andere Curiosa" enthält. Unter diesen Rezepten findet sich nun auch eine Anweisung, feste Gußplatten aus Letternmetall zu gewinnen, welche von unserer modernen Papier-Stereotypie gar nicht weit entfernt ist und damals nicht mehr als Geheimnis behandelt wurde.

Diese Anweisung lautet buchstäblich: „So du Schrifft abformen wilst, so handel also: Du must haben eine neugegossene Schrifft, und ein ganzt just Fundament, oder Schifftlein mit justen Stegen, das von Messing oder von Bley gemachet seyn, darauf lege eine Rahme, und setze die Schrifft darein und die Quadraten sollen so hoch seyn, daß die Caracter der Schrifft kaum ein Messer-Rück darüber gehen, und die Schrifft muß alle im Winkelhacken corrigirt werden, und wann die Schrifft in das Schiff gesetzet, und geschlossen ist, so must du ein Rähmlein haben, das an das Schifflein darein die Schrifft gesetzet ist, geschifft seyn, und dieser Zarg solle an das Schifft geschoben werden, und solle ungefehr zwey Finger hoch über die Schrifft erhöhet seyn, das Schiff darein die Schrifft geschlossen ist, solle keine Schrauben haben,

1*

sondern sie solle sonsten wohl nach Gelegenheit geschlossen
werden, darnach so nimm Papier-Zeug, oder weiß Papier,
gar wohl in Wasser gestoßen, und zettele das in dem Zarg
herum, auf die Schrifft, und stoße es fein mit einer Bürsten
nieder, daß an einem Ort so dick seye als an dem andern,
darnach so setze den steinern Tiegel auch in den Zeug hin=
ein, und schraube den Tiegel unter einer Preß wohl nieder,
so rinnt das Wasser darvon, dann drücke es auß der Preß
herfür, und das Pfännlein solle oben weiter sein als unten,
daß der Zeug herauß könne fallen, so er kalt wird, setze dem
eisern Pfännlein, so in den steinern Tiegel eingelassen ist,
auf den Tiegel, und mache eine Gießpfannen mit Zeug heiß,
und trücknet das Papier auf der Schrifft bald auß, und
schwindet nicht, und wann der Zeug kalt wird, so gieß einen
andern in das Pfännlein, daß thue so lang, biß du vermeynst,
daß der Fladen wohl ausgetrocknet seye, und so du nun
gießen willst, so mache 2 Prettlein oder Blech die dicker seyn
als der Fladen, auf alle Art, darzwischen schließ den Fladen.
und gegen dem Fladen auf dem einen Brett, oder Blech,
solle ein glatt Papier seyn, mit Röthelein überfahren, so
gefüllt es desto lieber und solle seyn in ein Preßlein einge=
schrauben werden, und auf das Gießloch setze einen blechernen
Trichter, der muß so breit seyn als das Gießloch und das
Gießloch so breit, als der Fladen, und so du gießt, so schütte
den Zeug mit Gewalt gar geschwind hinein, und habe eine
Aufmerckung, ob du gegen dem Fladen gießen solst, oder
darvon, auch mercke auf vorigen, und andern Vortheil mehr,
und schaue allweg, daß der Guß einen guten Nachdruck habe 2c.
und wann du das Papier auf die Schrifft abformen wilst,
so überfahre die Schrifft und alle Dinge wohl mit Oel oder
einer andern Fettigkeit, so leget sich das Papier nicht an,
die Fettigkeit oder Schmier solle nicht gut seyn, außen herum
beuge einen Draht zwischen dem Fladen und dem Gegenbrett,
so du es in die Preß schraubest, so beist der Draht ein, und

laufft im Giessen nicht auß, und die Ueberhang der Schrifft fülle auß mit nassem Papier, du magst eben vergebene Schrifft zusetzen."

Heinrich Meyer sagt in seinem „Handbuch der Stereo= typie" (Braunschweig 1838) folgendes über unsere heutige Papierstereotypie: „Eine von allen früheren abweichende Methode ist von dem Franzosen Genoux in Paris erfunden und angewandt worden. Im September 1829 hat der Graf Pravana der Academie von Turin, und am 10. August 1831 Francoeur der Société d'encouragement zu Paris einen Bericht darüber erstattet; Genoux hat sein Verfahren durch Notariatsact käuflich den Herren Chirin und Mina zu Turin, Rusand zu Lyon, Seguir dem Älteren zu Avignon, Donladont zu Toulouse, Gevrault zu Straßburg, George Jaquet in München u. A. überlassen. Seine Matrizen bestehen aus Papier, welches mittelst eines Gemisches von Kleister und Kreide zusammengeklebt wird. Mit kompressen Schriftkolumnen kann man bei gehöriger Übung ein recht gutes Resultat im Wege des Genoux'schen Verfahrens erzielen, wie zum Beispiel in der Druckerei der Société typographique zu Brüssel der Nachdruck des: Diction- naire de l'Academie française (4^0 dreispaltig, Nonpareille) vollkommen gelungen, mittelst derselben gegossen worden. Splen= dider Satz eignet sich hingegen nicht für diese Art des Stereo= typiegusses, weil er zu seicht füllt und wesentlicher Nachhilfe mit dem Grabstichel bedürfen würde".

Aus derselben Zeit haben wir von dem Lyoner Buch= druckerei=Besitzer J. B. Pelagaud über die Genoux'sche Er= findung ein anderes Urteil, wobei wir zugleich eine bio= graphische Skizze erhalten. Pelagaud schreibt:

„Genoux, gebürtig aus dem Isère=Departement, war zur Zeit seiner Erfindung Schriftsetzer bei Rusand in Lyon und nahm 1829 (24. Juli) ein Patent darauf." Er sagt ferner: „Die Pariser bilden sich ein, das Verfahren Genoux's ver= bessert zu haben; doch ist das Gegenteil der Fall, wenn sie Kreide oder Briançonner-Erde anstatt reinen, gesiebten Thon anwenden. Ein Buchdrucker rühmte sich mir gegenüber, bis zu vier Klischees von ein und denselben Matrizen genommen zu haben. Wie verwunderte er sich, als ich ihm sagte, ich habe deren zwanzig davon gegossen und daß nach dreißig Jahren meine Matrizen noch ebenso gut seien."

Einen, für jeden Fachmann höchst interessanten Brief über die Einführung der Papier-Stereotypie in Deutschland erhielt ich von dem bekannten Fachmann Herrn A. Ilsermann in Hamburg. Dieser Brief lautet: „Ich besaß im Jahre 1850 neben meiner Buchdruckerei eine ziemlich bedeutende Stereotypie, natürlich in Gips-Matrizen, und da der Raum in dem Druckereilokale nicht ausreichte, mußte ich solche in meiner Privatwohnung aufstellen. Wie oftmals die geringfügigsten Ursachen weitgehende Wirkungen hervorbringen, so geschah es auch bei mir in diesem Falle: Wenn ich im Hause recht thätig in der Stereotypie war und mit vielem Interesse und Vergnügen arbeitete, so war andererseits meine Frau Gemahlin stets verdrießlich und zornig, wenn ich, aus der Stereotypie kommend, im ganzen Hause meine Fußspuren in Gips abdrückte und Stühle und Sopha die Spuren des Gipses, der an meinen Kleidern hing, trugen; ich ließ mir nicht die Zeit, zum Frühstück und Mittagessen erst andere Kleider anzuziehen. Selbstverständlich gab es immer kleine Dispute, die mir, als sehr friedliebendem Menschen, nicht behagten. Was aber anfangen? Eine andere Methode kannte ich nicht, einen anderen Platz hatte ich nicht und aufgeben wollte ich die Stereotypie, mein Steckenpferd, erst recht nicht. Da ereignete es sich, daß ich in meiner Druckerei einen älteren Drucker einstellte, der, in Paris bis 1848 selbständig, bei der Revolution sein ganzes Besitztum verloren hatte und wieder als Gehülfe zu arbeiten gezwungen war. Dieser erzählte mir eines Tages, er habe in Brüssel gesehen, daß man dort mehrere Blätter Seidenpapier, die mit Kleister zu-

sammengeklebt waren, auf eine geschlossene Form gelegt,
mit einer Bürste geklopft, die Form mit der Matrize auf
eine heiße Platte zum Trocknen gelegt und daß dann in diese
getrocknete Papiermatrize Abgüsse zwischen zwei Holzplatten
gemacht worden seien, von welchen sich recht gut habe drucken
lassen. Ein Genaueres könne er mir nicht mitteilen, da er
die Manipulation nur im Vorübergehen beobachtet. Diese
kurzen Andeutungen waren alles, was ich von fremder Seite
erfahren; aber die oben gerügten Gips-Übelstände ließen mich
doch die Idee aufgreifen und versuchen, ob ich nicht meiner
Frau den Gefallen erweisen und dem „bösen Gips" den
Abschied geben könne.

„Daß es für mich nicht gar so leicht war, der ich doch
kein gelernter Schriftgießer, auf diesen Andeutungen fortzu-
bauen, ist leicht ersichtlich. Ich versuchte lange, ohne genügende Resultate zu erzielen. Ich mußte mir gleich zu
Anfang sagen, daß der Kleister allein für den Zwischenstrich
nicht genüge, ich dachte mir, man müsse ihn mit Gips ver-
mischen; aber dann würde ich ja den Gips nicht los, auch
wurde die Masse bald zu hart. Ich versuchte erst mit Mehl,
das wurde mir aber zu teuer, bis ich schließlich das Richtige,
die Schlemmkreide, ergriff. Matrizen stellte ich nun schon
recht schön her, aber die Abgüsse wollten mir noch nicht
gelingen, weil zweierlei mir unbekannt war, daß nämlich
das Stereotypiemetall auf einer schrägstehenden Eisenplatte,
und sei sie noch so stark erhitzt, nicht mit der Schnelligkeit
und Kraft herunterfließt, die das Metall in alle Poren der
Matrize eindringen läßt, und daß es zweitens eines starken
Druckes auf das eingegossene Metall bedürfe, um die Schärfe
des Abgusses bis zu seiner letzten Zeile zu erzielen. Da
sehe ich zufällig, bei einem gelegentlichen Besuch einer Schriftgießerei, daß beim Liniengießen in Bahnen der Gießer sein
Instrument mit Papier ausklebt und daß er von den gegossenen Linien immer ein beträchtliches Stück abschneidet

und als unbrauchbar wieder in den Kessel wirft. Auf meine Frage, weshalb dies letztere geschähe, antwortet mir derselbe barsch: „den Anguß würden Sie doch nicht nehmen". — Aha! der „Anguß!" Sofort mache ich mich darüber her, überziehe meine Eisenplatte (ich hatte zum Versuch Schwimmer und Deckel der Gießpfanne genommen und mit Holzzwingen zusammengeschraubt) mit Papier, lege die Matrize ganz nach unten und lasse den Gußrahmen, den ich aus genau gehobelten Holzstäben konstruierte, nach oben so weit als möglich überstehen. Jetzt eingegossen und siehe da — mein Papierüberzug und mein „Anguß" hatten mir so vortreffliche Dienste geleistet, daß ich noch denselben Tag 24 druckbare und zwar recht druckbare Platten meinem Drucker übergeben konnte.

Nachdem ich jetzt völlig genügende Resultate erzielt, also die Gewißheit erlangt hatte, daß ich keinem Problem mehr nachjage, ließ ich mir ein Gießinstrument anfertigen, das aus zwei 25 cm langen, 12 cm breiten gehobelten, auf der Rückseite mit Rippen versehenen Eisenplatten bestand; die Unterplatte war auf einem halben Bügel, wie bei Balanciers und Stempelpressen befestigt, die Oberplatte aber lose mit zwei Handgriffen versehen. Den Gießwinkel ließ ich in der Konstruktion wie er noch heute überall besteht, gleichfalls aus Eisen und zwar in Cicerostärke herstellen. Da ich noch nicht an größere Einrichtungen dachte, so benutzte ich dies Gießinstrument zugleich als Trockenplatte, indem ich es auf den Schmelzkessel stellte, die eingeschlagene Matrize mit der Form auf die Unterplatte schob, Flanell rc. auflegte, mit der Oberplatte bedeckte und die Schraube anzog.

Hätte ich damals Patente nehmen können, oder hätte ich nur meine Erfahrungen besser auszunutzen verstanden, so hätten mir glänzende Resultate winken müssen; ich war aber, wie Sie sagen, „schreibselig" und mußte gleich laut in die Welt hinaus schreien, was ich zu stande gebracht.

Kurze Zeit darauf hatte Herr Archimowitz in Carls=
ruhe bei dem damals noch lebenden alten Nestor der deutschen
Buchdrucker, Herrn Hasper, gleichfalls Versuche mit Papier=
matrizen gemacht, ob durch meine Versuche angeregt, oder
aus sich selbst heraus, weiß ich nicht zu sagen, nur das
weiß ich, daß mir der alte Hasper, als ich ihn besuchte und
meine Platten vorzeigte, offen erklärte: „dagegen seien die
bei ihm angefertigten nur Pfuscherei". (Seine eigenen Worte.)

Für mich war jetzt die Hauptsache, meiner Stereotyp=
Methode Verbreitung und Anerkennung in Fachkreisen zu
verschaffen. Ich unternahm zu dem Zwecke eine Reise durch
Deutschland, zeigte eine mir ausgezeichnet gelungene Klein=
Folio-Platte mit der Matrize vor und erbot mich, die Ein=
richtung zu liefern und Unterweisung im Arbeiten zu geben.
Manche erfaßten meine Vorlage mit Begeisterung, die meisten
jedoch mit Mißtrauen und es hielt schwer, diesen die Über=
zeugung beizubringen, daß die vorgezeigte Platte wirklich
aus der Papiermatrize hervorgegangen. Ganz besonders die
Herren Maschinenmeister wollten nicht daran gehen, solche
Platten zu drucken, denn sie waren gewöhnt, die Gips=
Stereotyp-Platten so t i e f wie den Satz zu erhalten, während
die Papier-Stereotypie-Platten flacher erschienen und die Be=
fürchtung bei ihnen erregten, sie würden s i c h s c h m i e r e n. Ein
eklatantes Beispiel solcher Voreingenommenheit ereignete sich
kurz darauf. Eine der größten Schriftgießereien Leipzigs (S. & G.)
deren Vertreter sich bei mir über diese neue Methode in=
formierte, lieferte einem ihrer Kunden ein ganzes, in dieser
Weise stereotypiertes Werk; die betreffenden Maschinenmeister
erklärten jedoch, solche Platten seien nicht zu drucken und um
ihren guten Kunden nicht zu verlieren, sah sich die Gießerei
genötigt, das ganze Werk auf ihre Kosten nachsetzen und
nochmals, aber in Gips stereotypieren zu lassen.

Kurze Zeit darauf erschien bei mir ein Herr, der sich
als der Vertreter der Schriftgießerei Johnson in Philadelphia

vorstellte, um meine neue Stereotyp-Methode zu sehen. Ich erklärte ihm, daß, wenn er die Instrumente von mir bezöge, ich ihm Unterweisung in der Papier-Stereotypie erteilen würde. Er acceptierte sofort und nachdem er gesehen und selbst bei mir probiert, erklärte er mir, jetzt wisse er, was er wissen wolle, die Instrumente solle ich nur behalten, die seien für seine Zwecke zu primitiv; natürlich honorierte er meine Forderung und bezahlte auch den Preis der Instrumente.

Später hörte ich, dieser Herr sei von Hamburg sofort nach London gereist und habe Herrn Walter, dem Besitzer der „Times", eine Stereotypie in großem Maaßstabe eingerichtet, um die Annoncenseiten der Times zu stereotypieren.

Daß nun die Spekulation sich der Sache bemächtigte, ward mir bald darauf klar, als ich erfuhr, die Hof- und Staats-Druckerei in Wien habe sich aus London eine größere Einrichtung und mit derselben zugleich englische Arbeiter kommen lassen. Daß letztere naturgemäß nur oberflächlich ausgebildet sein konnten, ist leicht erklärlich und die Direktion der Staats-Druckerei mußte dieselben denn auch recht bald wieder entlassen, nachdem der Chef der Schriftgießerei Einsicht und Kenntnis von den Manipulationen genommen. An mich, als den Erfinder der Sache, dachte man nicht eher, als bis ich später, bei einem gelegentlichen Besuche der Staats-Druckerei um einige Aufklärungen, besonders in betreff des Gusses der Platten, der nicht zur Zufriedenheit ausfallen wollte, gebeten wurde, die ich dann auch bereitwilligst gab und durch welche die vorhandenen Übelstände beseitigt waren.

Die Nützlichkeit dieser Erfindung brach sich nun immer mehr Bahn und meine später eingerichtete „Lehranstalt für Stereotypeure" wurde vielfach, besonders auch von Ausländern benutzt. Um den Lernenden einen Leitfaden in die Hand zu geben, in welchem sie das Erlernte nachzulesen im stande wären, schrieb ich eine „Anleitung", die, wie ich mir schmeichle, manchem gute Dienste geleistet hat.

Jetzt allerdings ist die Papier-Stereotypie weit verbreitet. Das Stereotypieren in Papiermatrizen bietet, den früheren Methoden der Gips = Stereotypie gegenüber, so wesentliche Vorteile, daß solches, besonders in den letzten zehn Jahren und ganz besonders seitdem die Rotationsmaschinen in Anwendung gekommen sind, die Gips=Stereotypie gänzlich verdrängt hat.

Die Gips=Methode gestattete nicht, mehrere Abgüsse aus einer Matrize zu nehmen, es mußte vielmehr für jeden Abguß eine eigene Matrize angefertigt werden, da solche beim Herausschlagen aus der Gießpfanne zerbrach; bei der Papier=Stereotypie ist eine und dieselbe Matrize zu einer ganzen Anzahl von Abgüssen zu verwenden. Der Guß einer runden Platte, wie es die Rotationsmaschine verlangt, wäre ohne Papier=Stereotypie eine Unmöglichkeit, weil die Matrize, von einer planen Fläche genommen, so biegsam sein muß, daß sie sich an die Wandungen des runden Gießinstrumentes anlegen kann. Ganz besonders aber ist diese Methode weit produktiver, da der eigentliche Guß der Platte nur 2 Minuten in Anspruch nimmt, während bei Gips und bei großen Platten fast eine Stunde für den Guß beansprucht werden muß. Da nun auch die Schärfe der Platten aus Papier denen aus Gips in keiner Weise nachsteht, da man ferner, bei guten Gießinstrumenten, besonders bei einem exakt gearbeiteten Gießwinkel der Arbeit des Abdrehens oder Abhobelns der gegossenen Platten überhoben ist, so wird man den bedeutenden Vorzug der Papier = Stereotypie vor der Gips = Methode anerkennen müssen, abgesehen davon, daß der Satz sauber bleibt und nicht mit Gips = Resten verschmiert wird, welcher Umstand die Arbeit des Ablegens für den Setzer zu einer unleidlichen macht, die naturgemäß auch höher bezahlt werden muß. Einen Triumph möchte ich daher noch ausdrücklich konstatieren: Ohne Papier= Stereotypie gäbe es keine Rotationsmaschinen, und ohne diese stände die Journalliteratur nicht so hoch da, wie es thatsächlich der Fall ist. — Ich bin freilich überzeugt davon, hätte ich nicht dieser Methode mit den mannigfachen Verbesserungen Eingang verschafft, ein Anderer würde später dieselbe, besonders nachdem sich die Notwendigkeit von Rotations-Maschinen herausgestellt, gleichfalls ausgefunden haben; doch darf ich die Ehre in Anspruch nehmen, der erste gewesen zu sein, der diese Disziplin nicht allein Deutschland, sondern der ganzen civilisierten Welt wieder zugängig gemacht hat." —

Wir wollen nun der Etymologie des Wortes „Stereotypie" einige Zeilen schenken. Dr. Heinrich Meyer in seinem „Handbuch" sagt darüber:

„Bei der ersten Anwendung einer neuen Erfindung pflegen die Benennungen, welche das Wesen derselben bezeichnen sollen, noch schwankend zu sein. Bald wendet man Namen auf Dinge an, die nicht dieselben sind, bald vermehrt man die Namen der Dinge, weil sich diese von verschiedenen Gesichtspunkten zeigen. So hat man denn auch von Polytypie, Stereotypie, Monotypie und Homotypie gesprochen, um verschiedene Druckverfahren zu bezeichnen; man hat das Wort Polytypie auf mehrere Dinge angewandt, die nicht dieselben waren und sich der Benennungen Stereotypie, Monotypie und Homotypie bald für vollkommen gleiche, bald auch für durchaus abweichende Verfahrungsweisen bedient. Es sollen nun jene Ausdrücke erklärt und die beizubehaltenden dem eigentlichen Begriffe nach festgestellt werden.

„Das Hauptwort, welches die Grundlage aller angeführten Namen bildet, bedeutet ein Zeichen, einen Buchstaben, eine Druckletter. Das Beiwort, welches man hinzufügte, bezeichnet die Vervielfältigung, die Festigkeit (griechisch: στερεός — sprich stereos = fest), die Einheit, die Ähnlichkeit derselben untereinander. Die Worte „polytypieren, Polytypie" bezeichnen das Mittel, verkörperte Gedanken oder Schrift, oder aber

Zeichnungen durch die Presse zu vervielfältigen, sei es im Wege des Kupferdrucks oder durch den Buchdruck insbesondere; in diesem Sinne gebraucht sie Camus in seiner „Histoire et Procédés du polytypage et de la stéréotypie" (Paris 1802), während sie neuerdings fast allgemein für das Verfahren des „Abklatschens" gang und gäbe geworden sind. Die andern Benennungen bezeichnen dagegen nicht sowohl ein besonderes Verfahren des Bücherdrucks mit festen Platten, als vielmehr die Kunst, eben diese Platten hervorzubringen. Das Druckverfahren selbst möchte ich am besten mit dem Namen „Stereotypographie", nach gleicher Ableitung wie Typographie, Lithographie, Chalkographie, Xylographie u. s. w., belegen lassen. Von allen vier Benennungen werde ich nur das Hauptwort: Stereotypie mit seinem Zeitwort: stereotypieren, zur: Bezeichnung der Kunst, solide Platten aus Matrizen zu gießen, welche von, aus beweglichen Lettern komponiertem Schriftsatze entnommen wurden, beibehalten.

Beim Schriftgießer giebt der erhabene Stempel die vertiefte Matrize und diese die erhabene Type, die gewöhnliche Druckletter. Das dritte Produkt stimmt also mit dem ersten überein. Stereotypie ist die Anwendung dieses Vorganges auf ganze Buchseiten."

Ein jüngerer Fachmann, Carl B. Lorck, sagt über den Vorzug und den Nutzen der Papierstereotypie in seinem Werke: „Die Herstellung von Druckwerken" (Leipzig) folgendes Wissenswerte:

„Die Papiermater bietet vor der Gipsmater den Vorzug, daß man in der Regel aus e i n e m Exemplar mehrere Abgüsse machen kann, während die Gipsmater nach dem einen Abguß stets ruiniert ist. Dieser Vorteil ist dann von besonderer Bedeutung, wenn die Auflage so groß ist, daß man mit e i n e m Abguß nicht ohne Abnutzung desselben auskommt, oder wenn eine große Auflage so schnell zu schaffen ist, daß mehrere Pressen auf einmal drucken müssen

Ein zweiter Vorzug der Papiermater ist, daß man sie nach der Anfertigung jahrelang aufheben kann. In Fällen, wo es zweifelhaft ist, ob die Platte zur Verwendung kommen wird, verschiebt man dann den Guß derselben, bis er sich als notwendig herausstellt. Auch läßt sich eine Papiermater mit Leichtigkeit versenden, so daß man an einem Orte den Satz und die Anfertigung der Mater, an einem andern den Guß der Platte und den Druck besorgen kann.

Da die Herstellung der Stereotypen eines Bogens meist teurer ist, als der gewöhnliche glatte Satz eines solchen, so ist die Stereotypie bei solchen glatten Werken seltener lohnend, denn man kann wenigstens eine neue Auflage für den Stereotyppreis setzen und hat dann noch den Vorteil, leichter Abänderungen machen zu können. Wird aber ein umfang= reiches Lexikon oder Zahlenwerk ausgeführt, dessen Satz= und Korrekturpreis den der Stereotypen leicht um mehr als das Doppelte übersteigt; würde der Neusatz eines solchen Werkes großen Aufenthalt verursachen, und ist schließlich die Korrektheit, wie z. B. bei Logarithmen, von der allergrößten Wichtigkeit: dann ist die Stereotypie ganz auf ihrem Platze und nicht genug zu empfehlen. Ferner bei vokalisiertem orientalischen Satz, wo nur die Stereotypie gegen Abspringen von Punkten, Accenten und überhängenden Buchstaben schützt.

„Dauert der Satz z. B. eines lexikalischen Werkes jahre= lang und ist es dem Verleger nicht möglich, durch Ausgeben in Heften in dieser Zeit einen Teil seiner Auslagen einzu= bringen, so kann die Stereotypie anzuempfehlen sein, schon um das Anlagekapital in Papier und Druck zu ersparen. Mitbestimmend kann auch der Grund wirken, daß die ersten gedruckten Bogen durch jahrelanges Liegenbleiben leicht ver= gilben.

„Bei Werken, die sehr leicht veralten, z. B. statistischen und technischen, ist Stereotypie selten zu empfehlen, denn

Abänderungen in den Platten sind mühsam und zeitraubend und nur innerhalb beschränkter Grenzen möglich, indem stets ebensoviel hineingesetzt werden muß, als herausgenommen wird. Jeder Buchstabe oder jedes Wort muß aus der Platte herausgesägt und der Ersatz hineingelötet werden."

Über die Leistungsfähigkeit der Stereotypplatten sagt unser Gewährsmann noch: „Gute Platten halten bei sorg= samer Behandlung 60—70,000 und noch mehr Abdrücke aus, ohne daß man die Abnutzung spürt. Dagegen sind von schlechten Platten kaum 10,000 Abdrücke zu erzielen."

Welchen bedeutenden Vorteil die Papierstereotypie für in der Provinz lebende Buchdrucker bietet, davon weiß uns die Firma Brüder Butter in Komotau (Böhmen) zu berichten. In einer kleinen Schrift: „Wert der Stereotypie für die Buchdruckerei" (1873) sagen die Verfasser:

„Abgesehen davon, daß viele der größeren Geschäfte einer Großstadt mit Schriftgießerei 2c. eigens versehen sind, genießen doch die übrigen Buchdruckereien den Vorteil, die verwandten Zweige bei der Hand, dieselben bei Bedarf so= gleich dienstbar zu haben.

„Welch beschränkten Wirkungskreis hat dagegen eine Buch= druckerei am Lande! Sie arbeitet eben, so gut sie kann. Gar oft fehlt ihr zur Ausführung einer Arbeit Material, seien es auch nur einzelne Buchstaben; sie ist daher an die Gießerei gebunden, welche jedoch nicht immer wegen Kleinigkeiten prompt aufwarten will oder kann. Eine andere Arbeit er= heischt, wenn sie konkurrenzfähig hergestellt werden soll, die Vervielfältigung einzelner Gegenstände; wiederum kann nur durch die Gießerei geholfen werden.

„Wie kleinlich muß sich eine solche Buchdruckerei oft den Kunden gegenüberstellen. Die Fälle sind wirklich unzählig, wo das Geschäft, sei es auch noch so gut eingerichtet, ins

Stocken oder wenigstens in Verlegenheit kommt, wo es an Industriezweige der Großstadt gebunden ist."

Die Firma hatte auf der Wiener Weltausstellung 1873 folgende, mittelst Stereotypie hergestellte Gegenstände exponiert: Schrift, Bleilinien in drei Nüancen, Rubriken, Einfassungs= Zeilen, Druckfirmen, Regletten, Einfassungen, Titel in Schrift= höhe und Hohlfuß, Stampiglie, Plakatschriften, Tabelle mit Quersatz, Initiale und Schlußlinien aus Polytypen heraus= geschnitten und zweifarbige Initiale ebenfalls auf solche Weise gewonnen.

Die Autoren sagen ferner: „Auch bei stehenden Inseraten eines Blattes lohnt sich das Stereotypieren ganz besonders; denn wieviel Material durch dieselben tot gemacht wird, und welcher Schaden dem Geschäfte durch das Herausziehen und Blockieren erwächst, ist bekannt.

Der praktische Wert der Papier=Stereotypie läßt sich so= mit in den Satz zusammenfassen: Ersparung an Zeit und Schonung des Materials."

Zweiter Teil.

Praktisches.

--->※<---

Von A Ifermann in Hamburg.

Schließen des zu stereotypierenden Satzes.

Ein jeder Gegenstand, der in Papiermatrizen stereoty=
piert werden soll, muß mit schrifthohen zwei Cicero breiten
Linien eingefaßt werden. Um diese Linien allseitig zu ver=
wenden, ist es geraten, sie nach dem in der Druckerei vor=
handenen Systeme, und zwar auf dieselbe Weise wie die
Hohlstege, anfertigen zu lassen, also Stücke von 5 Konkor=
danzen, 4, 3, 2 und 1 Konkordanz lang, sowie dann zum
etwaigen Ausfüllen noch halbe, viertel und achtel Konkor=
danzen. Ein Hauptaugenmerk ist darauf zu richten, daß
diese Linien genau schrifthoch sind, eine saubere
Oberfläche haben und gut aneinander schließen, da von
der Akkuratesse derselben die gleichmäßige Dicke der zu gie=
ßenden Platte abhängt. Sie müssen überhaupt so beschaffen
sein, daß, wenn man die damit umschlossenen Kolumnen ab=
druckt, diese wie mit einem vollkommenen schwarzen Rande ein=
gerahmt erscheinen.

Da bei einer geregelten Arbeit das Gießen der Platten
sehr rasch von Statten geht, so ist es geraten, nicht zu viele
Kolumnen zu einem Guß abzuformen. Das Gießinstru=
ment wird zu voll und der notwendige Anguß zu kurz, um
den gehörigen Druck für die Schärfe auszuüben, ebenso wird
das nachherige Zerschneiden in einzelne Stücke wiederum
mehr Zeit in Anspruch nehmen. Man sollte deshalb nie

2*

mehr wie zwei Oktav=Kolumnen zugleich gießen. Das Formen kann trotzdem mit mehreren Kolumnen, und zwar mit so vielen, als unter dem Deckel, womit die Formen beim Trocknen beschwert werden, oder wenn man sich einer Trockenpresse bedient, so vielen, wie unter dem Tiegel dieser Presse Raum haben, geschehen.

Wenn nun z. B. ein Oktav=Werk stereotypiert wird, so stellt man zwei Seiten nebeneinander und trennt diese durch eine Viertelpetit=Linie, an deren Seiten man eine Cicero=Quadratzeile legt. Diese Linie dient später zugleich als Richtschnur beim Durchschneiden der gegossenen Platten. Die beiden zusammengestellten Seiten werden nun ebenfalls mit Cicero=Quadraten umgeben und mit den zwei Cicero schrifthohen Linien genau eingefaßt. Dasselbe geschieht mit zwei folgenden und nochmals mit zwei anderen Kolumnen. Diese drei Sätze stellt man auf einen Schließstein dicht aneinander, legt eine Schließrahme herum und schließt die Form auf gewöhnliche bekannte Weise.

Es kann nicht unsere Absicht sein, hier eine Anleitung über Formenschließen einzufügen. Dennoch aber können wir nicht unterlassen, dem mit dem Schließen betrauten Arbeiter gerade hier die größtmögliche Sorgfalt anzuempfehlen. Beim Schließen zum Druck wird man Unregelmäßigkeiten beim Registermachen, jedenfalls doch bei der Revision gewahr werden und abhelfen; beim Stereotypieren jedoch muß „auf dem Blei" revidiert werden und die geringste Unaufmerksamkeit führt den Verlust von Zeit und Material herbei. Ganz besonders hat der Schließende sein Augenmerk auf die Rahme zu richten. Sobald dieselbe nicht an der den Schließstegen entgegengesetzten Seite im richtigen Winkel, oder am Kopfende bauchig ist, können auch die geschlossenen Kolumnen nicht gerade stehen, und da nicht alle Kolumnen in eine und dieselbe Rahme geschlossen werden, die eine also hier, die andere dort eine schiefe Richtung zeigen wird, so ist an ein exaktes Register durchaus nicht zu denken. Die Rahmen sind deshalb genau zu untersuchen und nötigerweise mit Karten spänen nachzuhelfen. Auch muß vorsichtig geklopft und das Zuschließen mäßig und mit allen Rollen geschehen, damit die Form nicht wieder steigt und trotz Klopfens dann doch eine ungleiche Oberfläche herbeigeführt wird. Beobachtet der Stereotypeur die hier gegebenen Winke nicht, so wird er manche verdorbene Platte zu beklagen haben.

Die Matrizen.

Die Anstrichmasse.

Die Anstrichmasse, mit welcher die Papierblätter der zu bildenden Paste, woraus die Matrize hervorgehen soll, zusammengeklebt, respektive welche zwischen die Blätter ge= klebt werden soll, besteht aus einer Mischung von Stärke= kleister und fein gepulverter Schlemmkreide. Die Bereitung dieser Masse geschieht auf folgende Weise: In ein mäßig großes Gefäß von Steingut schüttet man zwei Löffel voll Weizenstärke (Amidam), läßt ein paar Tropfen kaltes Wasser darauf fallen und rührt mit einem Holzlöffel so lange, bis die Masse einer Salbe gleicht und keine Körnchen mehr zeigt. Sodann gießt man, unter beständigem Um= rühren, kochendes Wasser hinzu. Die Menge des Wassers richtet sich nach der Qualität der Stärke, ist übrigens auch bei geringen Abweichungen unwesentlich.

In einen irdenen Topf schüttet man nun ein paar Löffel voll fein geschlemmte und pulverisierte Kreide und ebenso viel von dem eben bereiteten Kleister, rührt dies mit einem Spatel so lange durcheinander, bis sich beide Teile innig verbunden haben, und gießt dann noch soviel kochendes Wasser hinzu, bis die Masse die Stärke von gutem Rahm (Sahne) hat. Ist sie dünner und wässeriger geworden, so muß noch etwas Kreide beigemengt werden. Die so bereitete Masse

wird nun durch ein feines Haarsieb getrieben, um alle Stück
chen und Klümpchen, die noch in derselben sind, zurückzu=
halten und auch damit sich alle Teile noch besser mit=
einander verbinden.

Der in der Masse befindliche Kleister ist die Bindekraft,
die die einzelnen Papierblätter zusammenhält. Diese Binde=
kraft verliert sich jedoch sehr bald und es ist, um taugliche
Matrizen zu fertigen, geraten, jeden Morgen beim Beginne
der Arbeit die Masse zu erneuern, d. h. zu der übrig ge=
bliebenen wiederum frischen Kleister und Kreide zuzusetzen
und durch das Sieb zu seihen.

Man kann sich auch wohl dadurch helfen, daß man
starkes Gummiwasser (Auflösung von Gummi arabicum) der
sich dickenden Masse zusetzt, allein dies ist kostspieliger und
die Matrizen gießen sich nie so schön aus, wie bei reiner
Masse von Kreide und Kleister.

Matrizenpapier

Beim Stereotypieren von Werken und Accidenzen, bei
welchen es nicht geboten ist, die Matrize in 2—3 Minuten
zu trocknen, verwendet man acht Blätter Seidenpapier und
drei Blätter Schreibpapier zu jeder Matrize. Das Seiden=
papier ist das bekannte dünne, ungeleimte Fabrikat, welches
meistenteils zum Einwickeln von Goldwaren und feinen
Industriegegenständen, in Italien auch zum Einwickeln der
zum Export bestimmten Südfrüchte verwendet wird. Auch
die bekannten Kopierbücher werden aus diesem Papier gefer=
tigt. Dasselbe ist aber in verschiedenen Qualitäten vorhanden
und zuweilen so schlecht, daß es zum Stereotypieren durchaus
unbrauchbar ist. Sorge des Stereotypeurs muß es sein, sich
die beste Qualität zu verschaffen, die daran erkennbar, daß
das Papier dicht gearbeitet ist und nicht bei der Durchsicht
siebartig mit feinen Löchern durchbrochen erscheint. Ist letz=

teres der Fall, so wird man niemals eine saubere Matrize
erhalten, da trotz des zwischengestrichenen Kleisters das Papier
keinen Zusammenhalt hat, die Kleistermasse durch die feinen
Poren hervorbricht, sich auf die Schrift ablagert und, wenn
nicht schon beim Abheben von der Form die Matrize zerreißt,
diese doch unrein und zu scharfen Platten ungeeignet
ist. Gutes, unsatiniertes Kopier=Papier ist jedenfalls das
beste Matrizenmaterial, je dünner und reiner dasselbe ist,
je besser und schärfer werden die Matrizen.

Die erwähnten drei Blätter Schreibpapier dienen dazu,
der Matrize mehr Festigkeit zu verleihen. Aber auch dieses
Papier darf nicht zu stark sein, weil es sonst beim Ein=
schlagen der Matrize der Bürste zuviel Widerstand entgegen=
setzen würde. Ein fünf Kilo schweres Propatria ist das hierzu
geeignetste und man kann zu diesem Zwecke verlegenes und
vergilbtes Papier recht gut verwenden.

Man schneidet sich das Papier, sowohl Seiden= wie
Schreibpapier, in der Größe, daß die Blätter, auf die zu
stereotypierende Form gelegt, nach allen Seiten etwas den
Umfassungsrand überragen. Schneidet man die Blätter in
der genauen Größe der Form, so würde, da es un=
möglich ist die einzelnen Seidenblätter so genau auf die
nasse Unterlage zu legen, daß alle gleich aufeinander liegen,
der Umfassungsrand ungleich dick werden; sind die Blätter
aber etwas größer als die Form, so schadet die unregel-
mäßige Auflage nicht, da hernach das Überstehende an der
Einfassungslinie weggeschnitten werden kann.

Die Anfertigung der Paste.

Auf einem glatten Brette oder einem Farbesteine breitet
man eins der Schreibpapierblätter aus, bestreicht das=
selbe mittels eines breiten Pinsels, wie sich die Maler solcher
zur Nachahmung der Holzmaser bedienen, mit der oben be=

schriebenen Masse recht fett und legt dann ein Blatt Seiden=
papier auf. Es gehört hierzu einige Uebung, damit das
dünne Seidenpapier sich nicht in lauter Falten auf den
unteren Bogen legt. Man erlangt diese jedoch
sehr bald, wenn man das Blatt mit der linken
Hand hält, es genau auf die rechte Seite des
unterliegenden Bogens aufpaßt, diese Seite glatt
zieht und es dann langsam niederfallen läßt,
indem man mit der rechten Hand leise darauf hin=
und herfährt und es so leicht andrückt. Die
dennoch entstehenden kleinen Falten und Bläschen
sind leicht mit den Fingern auszustreichen, und zwar dann,
wenn wieder ein neuer Aufstrich von der Masse mit dem
Pinsel gemacht ist, welche Prozedur sich nun wiederholt, bis
alle acht Seidenblätter aufeinander geklebt sind.

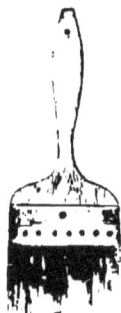

Zu beobachten ist hierbei noch, daß der Anstrich sich
nach der Form, die man zu stereotypieren hat, richten muß.
Ist dieselbe sehr kompreß und aus kleiner Schrift, so muß
der An= oder Zwischenstrich fetter sein, als wenn die Form
splendid ist und viele freie Stellen hat. Auch muß man
den Anstrich nach und nach immer magerer werden lassen,
so daß das vorletzte Blatt nur ebensoviel erhält, daß das
letzte noch überall ankleben kann. Zu diesem letzten Blatte
sucht man sich vorher das sauberste und egalste aus,
legt dasselbe auch wie die übrigen glatt auf, drückt es
aber nicht mit den feuchten Fingern an, sondern überdeckt es
mit einem Bogen Löschpapier und streicht auf diesem von
der Mitte nach den Seiten mit den Händen stark aus, so
daß alle Bläschen und Fältchen ausgetrieben sind. Es
geschieht dieses deshalb, damit das letzte Blatt, dessen Ober=
fläche mit der Schrift in Berührung kommt, durchaus nicht
verunreinigt wird, da die Schrift sonst später an diesen un=
reinen Stellen festklebt und bei der Abnahme die Matrize,
wenn auch nicht gerade zerreißen, doch die Platte beim Ab=

guß hier der Politur entbehren, also mangelhaft ausfallen
würde.

Nachdem die Paste auf diese Weise bereitet, läßt man
den Bogen Löschpapier darauf liegen, deckt ein Brettchen auf
dieselbe und beschwert dieses mit einem Gewichte oder einem
Steine, damit die Feuchtigkeit die Paste gleichmäßig durch=
zieht und die nach oben entweichende Feuchtigkeit in den
Löschpapierbogen eindringt.

Die Anfertigung der Matrize.

Bevor wir uns mit dem Einklopfen der Matrize be=
schäftigen, dürfen wir eins nicht unerwähnt lassen. Die
Sauberkeit und Reinheit der zu stereotypierenden Form ist
ein Haupterfordernis, tadellose Platten zu erzeugen und nicht
allein die Oberfläche der Schrift, sondern auch die Punzen
müssen rein und sauber sein. Es kommt wohl zuweilen bei
älterer Schrift vor, daß der Grund, die Punzen derselben
unrein sind, indem sich kleine Farbeteilchen, Lauge und
Staub in den Punzen festsetzen. Beim Druck von Schrift
beachtet man dies, wenn es nicht gar zu arg wird, nicht zu
sehr, da man es ja dann nur mit der Oberfläche der Schrift zu
thun hat. Beim Stereotypieren jedoch dringt die weiche Papier=
paste in die Punzen, beim Erwärmen der Form kleben diese
Schmutzteilchen an die Matrize und werden beim Abheben
derselben von der Form mit herausgezogen. Wenn nun
später das geschmolzene Metall über eine solche Matrize
fließt, so werden diese Unreinigkeiten sich auflösen, mit dem
Metall verbinden und den Guß verderben. Das saubere
Waschen der Form vor dem Stereotypieren ist deshalb eine
nicht genug zu empfehlende Notwendigkeit. Hat man eine
Matrize von der Form genommen und dieselbe erscheint beim
Abheben schwarz und schmutzig, so sollte man sofort eine
zweite Matrize anfertigen, da ein guter Abguß doch nicht

zu erwarten steht. Man braucht dann allerdings nicht erst
zu waschen, da die erste unsaubere Matrize schon alle Un=
reinigkeiten aus der Schrift herausgezogen hat.

Nach dieser Vorbemerkung gehen wir jetzt zur Anferti=
gung der Matrize über.

Die zu stereotypierende Form wird auf eine feststehende
Schließplatte oder, wo man eine alte Presse zur Hand hat,
auf das Fundament derselben gelegt, zuvor aber die Rück=
seite der Form, wie auch das Fundament selbst, sauber ab=
gebürstet und abgewischt, damit keine Unreinigkeiten unter
dieselbe geraten, die die Oberfläche der Form und die von
derselben reproduzierten Platte beeinträchtigen. Die Form wird
dann noch einmal aufgeschlossen, mit einem reinen, mit einem
Blatte Papier überlegten Klopfholze geklopft und mäßig zu=
geschlossen.

Auf einen kleinen weichen Pinsel schüttet man nun ein
paar Tropfen reines Baumöl, drückt den Pinsel in der Hand
oder auf einem Hölzchen gut durch und überfährt dann die
Form leichthin, jedoch darf nie soviel Öl aufgetragen
werden, daß sich dasselbe in die Punzen der Buchstaben setzt.
Der Ölanstrich soll auch weniger zum leichteren Lösen der
Matrize von der Form, als vielmehr dazu dienen, den Buch=
staben eine glattere Oberfläche zu verleihen, deshalb darf
man die Form nicht wie bei Anfertigung von Gipsmatrizen
mit Öl einreiben, sondern nur, wie erwähnt, die Ober=
fläche ganz leichthin mit dem Pinsel überfahren und dann
mit dem Ballen der Hand wieder abwischen, so daß das
Ganze gewissermaßen nur einen Fetthauch bekommt, der sich
während des Trocknens wieder vollständig verliert.

Hat man die Form in der Presse liegen, so legt man
jetzt einen Bogen Druckpapier auf dieselbe und macht einen
blinden Abdruck. Auf diesem ist nun ganz genau nachzu=
sehen, ob auch hier oder da ein Buchstabe gestiegen oder ob
sonstige Unregelmäßigkeiten beim Schließen vorgekommen, ob

alles gerade steht u. s. w. Hat man keine Presse zur Verfügung, so muß man sich von der Gleichmäßigkeit durch An-
schauen der Form, resp. durch Aufhalten einer geraden Linie
überzeugen und lieber noch einmal aufschließen und klopfen.

Nachdem man sich von der Akkuratesse der Form überzeugt hat, wird die zusammengeklebte Papierpaste auf dieselbe gelegt und zwar so, daß der letzt aufgeklebte
Bogen Seidenpapier mit der Schrift in Berührung kommt und die Paste nach allen Seiten gleichmäßig von der Form übersteht.

Das nun folgende Einschlagen der Matrize mit der
Bürste muß mit möglichster Sorgfalt geschehen, doch ist es
keineswegs so schwierig, daß nicht ein Arbeiter nach zwei
oder drei Versuchen genügende Resultate liefern sollte. Man
bedient sich hierzu einer Bürste, wie man sie wohl noch einzeln zum Abklopfen von Korrekturen benutzt. Die äußere
Form der Bürste, ob sie einen Stiel, wie Haarbürsten hat,
oder ob sie ohne solchen sei, ist gleichgültig, nur müssen die
Borsten so dicht stehen und so gleichmäßig lang geschnitten
sein, als dies nur eben zu erreichen ist. Die besten
Borsten sind die ungarischen, die man womöglich zu diesen
Bürsten verwenden muß.

Das Hauptaugenmerk muß man beim Einschlagen darauf
richten, daß man mit der Bürste stets senkrecht und mit der
ganzen Fläche derselben auf die Form klopft. Zu Anfang
geschieht dies leise und über die ganze Form, bis sich die
Umrisse des Satzes zeigen, dann aber, je nachdem die Form
splendid oder kompreß ist, mit etwas mehr Kraft, damit die
Papierpaste gut in alle Punzen der Buchstaben eindringen
kann. Besonders hat man sich zuerst vor einem Verschieben
der Paste in Acht zu nehmen, das man aber dadurch verhüten kann, wenn man den über die Einfassungslinien hinaus-
stehenden Rand etwas umschlägt. Bei kompressen Sätzen
wird das Einschlagen so lange fortgesetzt, bis sich die Aus-

schließung und Quadratzeilen scharf markiert haben und der
obere Bogen anfängt faserig zu werden. Bei einiger Übung
wird man an dem durchscheinenden Gepräge schon sehen, ob
die Matrize genügende Tiefe erlangt hat, man kann sich je=
doch auch davon überzeugen, indem man eine Ecke derselben
vorsichtig aufbiegt und zusieht, ob das Papier in die Punzen
eingedrungen ist. Diese aufgehobene Ecke muß sorgfältig wieder
aufgelegt und von neuem mit der Bürste festgeschlagen werden.

Bei splendiden Formen, die viel weißen Raum und frei=
stehende Linien enthalten, ist größere Vorsicht beim Ein=
schlagen zu beobachten, damit die Papierpaste nicht durchge=
schlagen wird. Man klopft zu Anfang ebenfalls sanft und
senkrecht über die ganze Form, damit man das Bild der=
selben auf der Rückseite der Matrize sieht und schlägt nun
vorsichtig die Schriftstellen ein. Hier darf durchaus keine
Kraft beim Schlagen angewendet werden, wie es auch im
allgemeinen besser ist, l e i s e und l a n g e statt s c h a r f und
w e n i g e r l a n g e zu klopfen. Bei Linien, die vereinzelt
stehen, z. B. Tabellen und Einfassungen, ist besondere Vor=
sicht anzuwenden. Diese markieren sich sofort scharf, wenn
man mit der Bürste darüber klopft, sind aber doch noch nicht
genügend tief, sondern veranlassen oft ein Schmieren der
Achsel, wenn man nicht die über die Quadraten hervor=
ragenden Seitenflächen der Linien genügend einreibt. Trotz
aller Vorsicht wird aber doch, besonders an den Ecken, die
eine oder andere Linie durch das Papier durchschneiden.
Man klebt dann kleine Stückchen Seidenpapier zwei= oder
dreifach auf diese Stellen und die Platte wird auch hier
keinen Fehler zeigen, nur wird die Matrize durchschnittlich
beim ersten Abguß zerreißen, weil das Metall zwischen die
einzelnen Blätter derselben eindringen und beim Abheben
diese auseinander sprengen wird. Es ist überhaupt geraten,
bei splendiden und tabellarischen Formen von vornherein die
Matrizenmasse nur ganz dünne zwischen die einzelnen Blätter

zu streichen; die Paste wird dadurch weniger weich, auch
kann man als ersten Schreibpapierbogen ein stärkeres Papier
nehmen, womöglich Handpapier, das der Bürste mehr Widerstand entgegensetzt.

Das Einschlagen der Matrize ist die am meisten Vorsicht erfordernde Prozedur bei der Papierstereotypie und kann
man nur durch Übung es zu solcher Fertigkeit bringen, daß die
Matrize überall gleichmäßig tief und dabei doch nicht durchgeschlagen ist. Wie schon oben erwähnt, hat das Durchbrechen der Paste an einzelnen Stellen keinen nachteiligen
Einfluß auf den Abguß, nur sind dann nicht mehrere Abgüsse aus einer Matrize zu erzielen. Nur nicht, auch bei
ganz kompressen Formen, mit Vehemenz auf der Form herum
klopfen, da dann die Schrift bald Abschied nehmen würde,
sondern lieber einige Minuten länger, aber mäßig schlagen
und den Zwischenstrich der Matrizenmasse, wie auch den
Schreibpapierbogen, der mit der Bürste in Berührung kommt,
von vornherein nach der zu stereotypierenden Form einrichten,
nämlich bei kompressen Formen fetterer Zwischenstrich und
leichteres Papier, bei splendiden dagegen nur ganz geringer
Zwischenstrich und einen festeren Schreibpapierbogen.

Wenn die Matrize auf dem Fundamente einer Presse
gemacht wurde, so ist es vorteilhaft, jetzt einen weichen
Trockenfilz auf die Form zu legen und sie einem ziemlich
scharfen Zuge auszusetzen.

Es soll hiermit weniger ein noch besserer Eindruck der
Schrift in die Papierpaste erzielt, als vielmehr einzelne, sich
möglicherweise gehobene Buchstaben wieder niedergedrückt
werden. Wenn nämlich der Satz nicht ganz exakt ausgeschlossen ist, so kommt es wohl einzeln vor, daß durch das
Klopfen hier und da ein Buchstabe steigt. Würden diese
nicht wieder gehörig niedergedrückt, so entständen Unregelmäßigkeiten auf der Oberfläche des Abgusses, die die Un-
brauchbarkeit der ganzen Platte nach sich ziehen könnten.

Wo keine Presse zur Verfügung steht, muß die Form nach dem Einschlagen der Matrize mit einem glatten Klopfholze geklopft werden.

Sobald die Matrize vollständig eingeschlagen ist, werden die etwaigen größeren Quadratflächen mit ungefähr $^1/_4$ Cicero starken Stückchen Pappe ausgelegt, jedoch nicht zu dicht an der Schrift, sondern so, daß das Pappstückchen wenigstens rundherum geht und eine Garmond kleiner ist, als der zu bedruckende Raum, und dann ein fernerer, mit Masse bestrichener Schreibpapierbogen v o r s i c h t i g aufgelegt, damit sich die Einlagen nicht verschieben und, statt in die Zwischen= räume, auf die Schrift kommen. Dieser Bogen wird dann ebenfalls mit der Bürste festgeschlagen.

Das Einlegen von Pappstreifen in die Matrize ge= schieht deshalb, damit die Paste auch hier auf der Form liegt, weil diese Stellen sonst weniger rasch trocknen und ein bedeutendes Verziehen der Matrize nach dem Abheben ver= anlassen würden. Auch werden solche größere freie Stellen durch das Gewicht des beim Abgießen darüber fließenden Metalles eingedrückt und man wäre genötigt, dieselben, da= mit sie nicht schmieren, aus dem Abguß herauszustechen. Sind aber entsprechende Pappstreifen eingelegt, so ist diese, jedenfalls umständliche Prozedur überflüssig.

Jetzt wird zur größeren Stärke der Matrize noch ein Bogen Schreibpapier aufgeklebt und auch dieser mit der Bürste überall fest eingeschlagen. Es kann nicht schaden, nochmals die Form einem Abzuge auszusetzen, eventuell mit dem Klopfholze noch einmal zu klopfen.

Man gestatte uns hier noch einige kurze Bemerkungen, deren Beachtung seitens des Stereotypeurs ihm manche Ver= drießlichkeiten zu ersparen im stande sein möchten und deren öftere Wiederholung in einem Lehrbuche man nicht als einen Fehler des Verfassers bezeichnen wolle.

Der Einfassungsrand

wird, wie die Erfahrung zu öfterem bestätigt, bei vielen Stereotypeuren, wenn auch nicht als etwas nebensächliches betrachtet, doch immerhin nicht mit der Aufmerksamkeit behandelt, die ihm unter allen Umständen gebührt. Daß die Einfassungslinien genaue Schrifthöhe haben müssen, ist Selbstverstand, daß aber diese Linien beim Einklopfen der Matrize genau ebenso stark und soviel geklopft werden müssen, wie die Schrift selbst, wird wenig beachtet, in falscher Berücksichtigung, daß solche nicht zum Drucke dienen und sogar nicht einmal mit abgegossen werden. Man vergegenwärtige sich aber, wozu denn eigentlich der Rand um die zu stereotypierende Form gesetzt ist. Es wird uns dies klar, wenn die Matrize zum Abguß in das Gießinstrument gebracht und der Gießwinkel um dieselbe gelegt wird. Würde kein Rand an der Matrize vorhanden sein, wüßte man nicht, wohin den Winkel legen, und hätte man auch entsprechend breites Papier um den Satz stehen lassen, so würde dieses aufgebogen sein und eine sichere Lage für den Winkel nicht bieten. Sind aber die Einfassungslinien ebenso beim Einklopfen behandelt, wie die Schrift, so liegt der Rand genau so tief in der Matrize, wie die Oberfläche der Schrift, demnach der Gießwinkel, wenn er auf den Rand gelegt ist, mit seiner unteren Fläche genau in demselben Niveau mit der Oberfläche der Schrift oder, mit anderen Worten, die Dicke der Matrize ist im Umfassungsrande ganz dieselbe, wie in Schrift, und die gegossene Platte muß in allen ihren Teilen mit der Stärke des Gießwinkels übereinstimmen.

Sind nun aber die Einfaßlinien unter sich nicht ganz gleich von Höhe oder stimmen sie nicht genau mit der Höhe der Schrift überein, so kann von einer gleichmäßigen Dicke der Matrize im Umfassungsrande und der Schrift nicht die Rede sein. Infolgedessen liegt der Gießwinkel nicht

gleichmäßig auf und die gegossene Platte zeigt Verschieden=
heiten in der Stärke, welche sich, wie man weiß, schon bei
einer Papierdicke im Abdruck geltend machen.

Es wird freilich von vielen Seiten behauptet, die ge=
gossenen Platten müßten, um alle von gleicher Stärke zu
sein, auf einer Hobelmaschine, oder einer Drehbank egalisiert
werden. Ich behaupte jedoch, und habe den Beweis in lang=
jähriger Praxis für mich, daß gegossene Platten, wenn der
Gießwinkel sauber gearbeitet ist und die obenerwähnte Vor=
sicht in betreff der Umfassungslinien beobachtet wird, ohne
Abhobeln nicht allein ebenso gleichmäßig, sondern in vielen
Fällen viel besser aus dem Gießinstrumente hervorgehen,
da die Hobelmaschinen auch ihre wesentlichen Fehler haben.

Das Trocknen der Matrizen.

Trockenvorrichtung.

Wenn die Matrize regelrecht eingeklopft und zuletzt noch
mit einem Bogen Papier zur Verstärkung derselben überklebt
ist, bleibt sie in diesem Zustande auf der Form liegen und
wird mit der letzteren auf die Trockenplatte gelegt.

Die Trockenvorrichtung besteht im wesentlichen aus
folgendem: Eine gehobelte Eisenplatte, sogenannte Schließ=
platte, wie solche zu jeder Schnellpresse geliefert wird, wird
an ihrer unteren Seite mit einem halbrunden Blechmantel
umgeben, der in seiner Mitte mit einer dicht schließenden
Klappe behufs Reinigung versehen ist. An der vorderen
breiten Seite ist der Blechmantel ganz offen, an der ent=
gegengesetzten aber so weit geschlossen, daß nur ein gewöhn=
liches Ofenrohr auf eine Tülle aufgesteckt werden kann, um
eine Ableitung für den Rauch in das Kamin zu bilden.
Diese Platte mit Mantel steht auf vier starken eisernen Füßen

und wird mit der offenen Seite des Mantels derart mit dem Gießofen verbunden, daß das Feuer und der Rauch von demselben zuvor unter der Platte durchziehen muß, ehe sie in den Kamin gelangen. Der Zweck ist, die Platte zu erhitzen.

Man kann diesen Zweck auch auf andere Weise erreichen, doch wird man in den meisten Fällen die genannte Einrichtung treffen, weil zum Schmelzen des Metalles überhaupt ein Feuer erforderlich ist und dieses kostenlos den Trockenprozeß erfüllt.

Es läßt sich die Trockenplatte auch durch Dampf erhitzen. In diesem Falle wird sie nicht mit dem Ofen ver-

bunden, sondern für sich allein aufgestellt, der Umhüllungsmantel dampfdicht gemacht und der Dampf durch ein Rohr in den Raum zwischen Platte und Mantel geleitet; daß dann die untere Fläche des Mantels ein wenig Fall haben und an der tiefsten Stelle ein Hahn zum Ablassen des Kondensationswassers angebracht sein muß, ist selbstverständlich.

Auch durch Gas läßt sich die Trockenplatte erhitzen, indem man die Platte ohne Mantel auf vier Füße stellt und ein halbzölliges Gasrohr spiralförmig gebogen und mit vielen kleinen Löchern versehen unter derselben anbringt. Dies Rohr wird entweder durch einen Kautschukschlauch oder auch direkt mit der vorhandenen Gasleitung verbunden, doch darf nicht vergessen werden, an dem Rohre einen Ab=schlußhahn dazwischen zu schalten, damit die Flammen, be=ziehungsweise die Hitze nach Bedarf reguliert werden kann.

Das Trocknen.

Auf die soeben beschriebene, erhitzte Platte wird jetzt die Form mit der auf derselben befindlichen Matrize gelegt. Würde man die Matrize nun ohne weiteres trocknen lassen, so würde sich dieselbe nach und nach krumm ziehen und von der Form abheben, ehe sie vollständig trocken ist. Es ist deshalb geboten, die Form auf irgend eine Weise so zu be=schweren, daß die Matrize unverrückbar auf derselben fest=liegen bleibt. Dies ist am einfachsten zu erreichen, wenn man einen eisernen Deckel, der mit Holz=Handgriffen zum Anfassen versehen ist, auf die Form legt. Da aber die Feuchtigkeit, die sich in Gestalt von Dämpfen beim Trocknen entwickelt, abziehen muß, so bedeckt man die Matrize, bevor man den eisernen Deckel auflegt, mit einem kurzhaarigen Filz und einigen Bogen Löschpapier, in welches dann die Dämpfe einziehen. Statt des Filzes, der nach kurzem Ge=brauche hart wird, bedient man sich vorteilhafter einiger Bogen des sogenannten Kaffee=Filtrier=Papieres, ein dickes wolliges, sehr saugfähiges Fabrikat, das man, wenn es feucht geworden, auf eine Schnur, die man über die Trockenplatte spannt, zum Trocknen und wiederholten Gebrauch aufhängt.

Wenn die Form fünf bis zehn Minuten auf der heißen Platte gelegen hat, nimmt man den Deckel herunter und wird nun den Filz oder das Trockenpapier gänzlich durch=näßt finden. Die Matrize ist aber noch keineswegs trocken und man legt deshalb noch einmal frisches Trockenpapier auf, trocknet den nassen Deckel an und legt diesen wiederum auf die Form. Hat die Form nun noch zehn Minuten ge=legen, so ist sie völlig trocken und man kann zu dem

Abheben der Matrize von der Form

schreiten. Man fährt zu dem Ende mit einem Messer unter
die überhängenden Ränder und biegt diese an den Ecken
ein wenig auf. Die Matrize wird sich nun leicht abheben
lassen, und wenn die Form rein gewaschen und der letzt auf=
geklebte Bogen Seidenpapier sauber gehalten war, nirgends
festkleben. Man übersieht die Form und wird dann, sobald
irgend eine Stelle durch die eben angegebenen Ursachen ge=
rupft erscheint, diese alsbald entdecken. Um nun aber auch
diese Stellen beim Abguß gut und glatt erscheinen zu lassen,
reinigt man die betreffenden Buchstaben von den anklebenden
Papierfasern, überstreicht sie mit dem Ölpinsel, paßt die
Matrize noch einmal genau auf die Form auf und über=
reibt nun diese Stellen mit einem Falzbeine oder dem Nagel
des Daumes auf der Rückseite der Matrize. Die aufge=
rissenen Papierfasern werden dadurch wieder geglättet und
der Abguß wird dennoch gut werden, vorausgesetzt daß nicht
etwa ganze Stücke Papier abgerissen waren, in welchem
Falle die Matrize unbrauchbar ist und durch eine neue er=
setzt werden muß.

Ich kann es nicht unterlassen, an dieser Stelle noch=
mals darauf hinzuweisen, daß die Schrift vor dem Abformen
in Papier rein und sauber gewaschen sei, da nur dies in
den meisten Fällen die Ursache ist, daß die Matrize an der
Form festklebt.

Die überhängenden Ränder werden nun von der Matrize
bis dicht an die Einfassungslinie abgeschnitten, die Matrize
dort, wo zwei Einfassungslinien zusammenstehen, durchge=
schnitten und wenn sich auf diesen Linien kleine Erhöhungen
bei den Zusammensetzungen gebildet haben sollten, so müssen
solche mit einem scharfen Messer fortgeschabt werden, da der
glatte und gleichmäßige Rand ein Haupterfordernis ist, um
in allen Teilen gleichmäßig dicke Platten zu erzielen.

3*

An eine der schmäleren Seiten der Matrize wird nun ein Blatt starkes Schreibpapier mit Kleister auf den Rand festgeklebt. Dieses Blatt muß ein wenig breiter wie die Matrize und so lang sein, daß, wenn dieselbe jetzt auf die Unterplatte des Gießinstruments gelegt wird, das Papier die ganze Platte bedeckt. Da nämlich die Matrize beim Gießen so weit wie möglich nach unten in das Gießinstrument zu liegen kommt, so würde, hätte man kein Papier angeklebt, das Metall teilweise hinter die Matrize fließen und nun ein buckliger, unbrauchbarer Abguß entstehen; so aber dient dieses Papier zur Leitung des Gusses und bedeckt zugleich das Eisen des Instruments, da an glattem Eisen das Lettern= metall nie so rasch herunterfließt wie auf Papier.

Beim Abformen von Holzschnitten verändert sich das Ver= fahren, da man keine Hitze beim Trocknen anwenden kann, weil dadurch der Stock reißen und verderben würde.

Hat man einen Holzschnitt zu stereotypieren, so wird der= selbe gleich wie eine Schriftform mit Einfassungslinien um= geben, in eine Rahme geschlossen und in einer Presse zuge= richtet, als solle er gedruckt werden. Dies Zurichten beschränkt sich natürlich auf die Erzeugung der gleichmäßigen Höhe, da selten die Holzschnitte so egal wie Letternsatz sind. Es muß deshalb so lange entweder das Holz auf den zu hohen Stellen abgeschabt oder auf den zu niederen Stellen mit Papier unterlegt werden, bis ein überall gleich starkes und den Einfassungslinien gleiches Gepräge beim Abdruck er= scheint.

Da man jedoch den Holzstock nicht erst mit Farbe ein= reiben darf, so bestreicht man ihn mit dem Ölpinsel und zwar ziemlich fett, da das Öl in das Holz eindringt, auch später leicht wieder zu entfernen ist.

Hat der Holzschnitt viele zarte Partien, enge Schat= tierungen und dergl., so wendet man, wie bei kompressen Schriftformen, ein dünnes Schreibpapierblatt und starken

Masseanstrich beim Anfertigen der Matrizenpaste an. Hier besonders muß man leicht und so lange klopfen, bis der oberste Bogen gänzlich von der Bürste durchbrochen ist und er das Aussehen hat, als ob er dicht mit feinen Nadeln punktiert sei. Nur so ist es möglich, das Papier in alle, auch die feinsten Schattierungen einzutreiben. Dann wird wieder ein dünner Schreibbogen aufgeklebt und nach Auf= lage eines Filzes ein starker Druck mittels der Presse auf den Holzstich ausgeübt, auch der Druck eine kleine Weile an= gehalten. Nachdem dann noch zwei oder drei Bogen Schreib= papier aufgeklebt sind, läßt man die Form ruhig stehen.

Wenn es Zeit und Umstände erlauben, so formt man einen Holzschnitt am Abend ab und läßt ihn unbedeckt bis zum andern Morgen stehen; in dieser Zeit hat die Matrize soviel Festigkeit gewonnen, daß man sie von der Form ab= heben und auf eine warme Eisenplatte legen kann. Wenn dann die Ränder mit Bleistegen bedeckt und bei größeren Stichen auch einige Stege übers Kreuz auf die Matrize ge= legt werden, so trocknet sie langsam, und wenn sie sich auch wirklich etwas rund ziehen sollte, so ist doch die Papier= masse so gefügig, daß solche Beulen durch das Gewicht des Metalles beim Abguß wieder gerade gedrückt werden. Man legt jedoch die Stege nicht direkt auf die Matrize, sondern bedeckt diese erst mit einem Bogen Löschpapier, weil die aufsteigenden Dämpfe sich an die Stege setzen und als Tropfen kondensiert auf die Matrize zurückfallen würden.

Wie man überhaupt bei Firmen mit Titelzeilen aus fetter Schrift solche schon vor dem Abformen mit einem Blatt Papier von unten unterlegen und dadurch einen schärferen Einsatz in die Papierpaste, folglich auch eine um ein Papierblatt höhere Zeile im Abguß bewirken kann, so läßt sich bei Holzschnitten, die viel zarte Töne und kräftige Schatten enthalten, schon in der Matrize dem Drucker vor= arbeiten.

Man macht nämlich einen Abdruck des Bildes auf einem Bogen starken Schreibpapiers, schneidet auf diesem die schwarz und kräftig kommen sollenden Stellen weg und klebt diese Schablone nach dem Einschlagen auf die Matrize, bevor die zwei Schreibpapierblätter aufgeklebt sind. Diese überklebten feinen Partien bilden dann in der Matrize eine ganz geringe Erhöhung, folglich im Abguß eine entsprechende Vertiefung, und die kräftigen Stellen erscheinen beim Abdruck sofort schärfer, nehmen auch bei Maschinendruck die Farbe kräftiger an.

Das Abformen und Trocknen der Matrizen zum Guß für Zeitungen, besonders für Rotationsmaschinen.

Schnelle Beförderung der Arbeit ist überhaupt, ganz besonders aber bei Herstellung von Zeitungen geboten. Die in neuerer Zeit bei größeren Blättern zur Anwendung gekommenen Rotationsmaschinen bedingen unter allen Umständen ein Stereotypieren der gesetzten Formen und da diese Stereotypen in einem Cylindersegment gebogen erscheinen müssen, um sie auf die Cylinder der Rotationsmaschine aufzuspannen, so können sie einzig und allein nur durch Papiermatrizen, die sich der Rundung des Gießinstrumentes anpassen, hergestellt werden. Wenn nun auch die Rotationsmaschinen eine ganz bedeutend größere Produktivität, wie die bisherigen Doppel- und Vierfach-Schnellpressen zeigen, so ist, in Erwägung dieses Umstandes, vielfach der Redaktionsschluß der Zeitung hinausgeschoben und der fertige Satz wird meistenteils so spät zu liefern sein, daß die Stereotypie nur eine ganz geringe Zeit in Anspruch nehmen darf.

Wollte man deshalb auf die gewöhnliche Weise die Arbeit der Stereotypie verrichten, die Matrize mit einer Bürste einschlagen und den Trockenprozeß wie gewöhnlich sich vollziehen lassen, so würde viel zu viel Zeit verloren gehen.

Um dies zu verhüten, muß man zu einer anderen Manipulation seine Zuflucht nehmen. Schon die Bereitung der Zwischenstrich=Masse ist eine andere. Man verwendet hier nämlich nicht Kleister von Stärkemehl und Kreide, sondern eine Auflösung von gutem Kölner Leim, und eine Mischung von Schlemmkreide und Roggenmehl. Diese Mischung wird ziemlich dünnflüssig und zwar stets in warmem Zustande verwendet. Zur Bildung der Matrizenpaste wird ein Blatt Schreibpapier, ein Blatt sogenannter englischer Löschpappe, ein Material, welches das Wasser lebhaft aufsaugt, und drei Blätter Seidenpapier genommen. Das Schreibpapier wird angefeuchtet auf einen glatten, entsprechend großen Stein gelegt, mit der eben beschriebenen warmen Masse bestrichen, dann die Löschpappe und schließlich die 3 Seidenpapierblätter nach einander aufgeklebt. Diese Pasten sind natürlich vorher in genügender Anzahl bereitet und zwischen gefeuchtetem Papier aufbewahrt.

Die Stereotyp=Einrichtung für Rotationsmaschinen ist gleichfalls eine andere, wie bei gewöhnlichem Plattenguß und da sich die Stereotypen genau den Cylindern der Maschine anpassen müssen, werden die Stereotyp=Einrichtungen von den Maschinenbau = Anstalten mitgeliefert und sind gewissermaßen ein integrierender Teil der Maschine.

Zuerst kommt nun die Vorrichtung zum Abprägen der Matrize in Betracht. Hierzu verwendet man eine Walzenpresse. Ein starkes Untergestell, welches ein Fundament mit aufgeschobener Zahnstange trägt, hat zu beiden Seiten Lagerböcke, in welche eine genau abgedrehte eiserne Walze mit einem Zahnkranze ruht, welch letzterer in die Zahnstange des Fundamentes eingreift. Auf dieses Fundament wird die geschlossene Form gelegt; auf dieselbe die Matrizenpaste, ein Blatt Papier und ein ziemlich starker Filz und dann mittels Kurbelbewegung oder Riemscheibe langsam einmal vorwärts und wieder zurück durchgezogen. Jetzt bestreicht

man die Rückseite der Matrize mit der erwähnten Leimmasse,
legt die größeren Zwischenräume, namentlich bei den Anzeige-
spalten mit Pappstäbchen aus, klebt noch einen Bogen auf
und schiebt die Form auf den daneben stehenden Trockenapparat, eine mittels Dampf erhitzte Eisenplatte, über welche
eine Spindelpresse mit starkem Balancier angebracht ist.
Nachdem man die Form wiederum mit einem Filze bedeckt
hat, schraubt man die Presse zu und läßt fünf bis sechs
Minuten trocknen. Die Matrize ist nun genügend trocken,
um abgehoben und zum Guß vorbereitet zu werden.

Das Stereotyp-Metall.

Das Metall, dessen man sich zur Anfertigung von
Stereotyp-Platten bedient, ist mit geringen Abweichungen
dasselbe wie das Schriftmetall, nämlich

100 Pfund reines weiches Blei,

15 „ Regulus antimon,

1 „ englisches Zinn.

Die Bereitung desselben geschieht auf folgende Weise:
Man läßt zuerst das Blei im Kessel schmelzen und be-
freit dasselbe von der obenauf schwimmenden Asche, Krätze
genannt, indem man diese zwischen zwei glatten Hölzern zu
Pulver reibt und sie dann mittels eines durchlöcherten eisernen Löffels nach der Art der sogenannten Schaumkellen
abhebt. Damit sich schließlich auch die kleineren Unratteile
vom Blei absondern, wirft man etwas Fett oder Unschlitt
in das flüssige Metall. Alsdann wird der Regulus antimon
in kleine Stücke mit einem Hammer zerschlagen und unter
beständigem Umrühren dem Blei zugesetzt. Der Regulus
schmilzt sehr langsam, was jedoch ein Zeichen seiner Güte ist.
Erst wenn derselbe gänzlich mit dem Blei vereinigt ist, folgt
der Zusatz des Zinns.

Will man alte Lettern zum Guß verwenden, so muß
man denselben 20 Prozent reines Blei zusetzen, da sonst

das Metall für den Guß von Stereotyp-Platten zu hart
ausfallen würde. Die unmittelbare Folge würde sein, daß
die Platten sehr leicht zerbrechen, und besonders die Fassetten
bei dem geringsten Stoße abspringen.

Bei andauerndem Stereotypieren ist es vorteilhaft,
gleich größere Quantitäten von Stereotypmetall zu bereiten.
Man füllt dasselbe zum Zweck des Aufbewahrens entweder
in kleine Pfannen, aus denen es nach dem Erkalten als Würfel
ausgeschlagen wird, oder aber gießt es auf eine Steinplatte,
in die dreikantige Vertiefungen gehauen sind, wodurch man
lange Zeugstangen erhält, die dann nach Bedürfnis verbraucht
werden können.

Es sei hier zugleich die Bemerkung eingeschaltet, daß
man sich bei Verwendung von altem Blei äußerst in Acht
zu nehmen hat, damit kein Zink unter die Masse gerate.
Ein nur geringer Zusatz dieses Metalls kann einen ganzen
Kessel voll Schriftmetall verderben, da dieses alsdann dick-
flüssig wird, die Politur der Schrift rauh und die Kanten
stumpf macht. Auch würden solche Platten sehr leicht dem
Oxydieren ausgesetzt sein.

Der Hitzegrad, den das Metall beim Gießen haben
muß, ist durch Eintauchen eines Stückes festen Schreibpapiers
zu erproben.

Man biegt sich ein solches Stück Papier wie zu einem
Fidibus und taucht diesen in das geschmolzene Blei mit
der Geschwindigkeit, wie man eine Feder in die Tinte
taucht. Das Papier muß dann, wenn das Metall den richtigen Hitzegrad besitzt, eine hafergelbe Farbe angenommen
haben. Ist es stärker gebräunt, so ist das Metall zu heiß
und die daraus gegossenen Platten würden porös ausfallen,
auch die Matrize leicht zerstören; man bricht deshalb eine
früher schon zur Erwärmung des Gießinstrumentes gegossene Platte in Stücke und kühlt das Metall bis auf den
richtigen Hitzegrad durch Hinzusetzen der Plattenstücke ab.

Zeigt der Fidibus nach dem Eintauchen gar keine Verän=
derung in der Farbe, so ist das Metall zu kalt. Die ge=
gossene Platte, besonders wenn sie eine gewisse Größe hat,
wird dann selten scharf ausgegossen sein, besonders die
Ränder, die dem Gießwinkel zunächst liegen, werden mindestens
matt gegossen erscheinen, wenn sie nicht ganz unbrauchbar
geworden sind. Es ist dann geboten, das Feuer stärker an=
zuschüren, und wenn der richtige Hitzegrad hergestellt, die
Matrize noch einmal abzugießen.

Man kann das Metall jedoch auch überhitzen. Sollte es ein=
mal vorkommen, daß dasselbe durch zu starkes Feuer ver=
brannt wäre, was man an einer schwärzlichen Kruste, womit
sich die Oberfläche überzieht, erkennt, so muß man notwen=
digerweise erst wieder etwas Zinn und auch eine Kleinigkeit
Regulus zusetzen. Ist man nicht sicher, ob das Metall seine
gehörige Güte besitzt, so gießt man etwas auf einen Stein
und schlägt dasselbe nach Erkalten durch. Zeigt der Bruch
starke, funkelnde Kristalle, so muß noch Blei, dagegen um=
gekehrt, wenn sich das Stück rund biegt und beim endlichen
Bruch eine gänzlich unkristallisierte Fläche zeigt, noch Regu=
lus antimon zugesetzt werden.

Dritter Teil.

Neue Verfahren und Erfahrungen.

→※←

Stereotypie im Kleinen.

I.

H. Baßler, praktischer Stereotypeur in Berlin, ließ sich vor mehreren Jahren einen „Vereinfachten Papierstereotypier-Apparat" patentieren, über den wir folgendes erfahren:

Bei der Mannigfaltigkeit der Anwendung und dem eminenten Nutzen, welchen die Stereotypie gewährt, hat dieselbe doch bisher in den mittleren und kleineren Geschäften noch nicht die gebührende Beachtung gefunden. Als Grund hierfür ist wohl die Unkenntnis des Verfahrens zu nennen; vor allem wohl die Scheu vor der Ausgabe eines nicht geringen Anlagekapitals, welches die in größerem Umfange eingerichtete Stereotypie erfordert.

Das Verfahren des Stereotypierens mit Papier und Kleister ist gegenüber der Gipsstereotypie ein einfaches und geradezu reinliches, so daß das Erlernen jedem möglich; die nötige Übung erwirbt man sich bald, und in kurzer Zeit kann man ganz gute Stereotypen anfertigen.

Jenen Geschäften nun, welche gleichwohl der Stereotypie sich mit Vorteil bedienen können, jedoch die Ausgabe für eine umfängliche Einrichtung scheuen, denen besondere Räume dafür nicht zur Verfügung stehen, bietet der oben erwähnte Stereotypier-Apparat, mit welchem ganz genau dasselbe geleistet werden kann, wie mit den Apparaten anderer Konstruktion, vollen Ersatz.

Nach dem Prinzip, daß sowohl zum Trocknen wie auch zum Gießen im allgemeinen nur zwei Platten erforderlich sind, wurde dieser Apparat konstruiert. Derselbe dient sowohl als Trockenpresse wie auch als Gießinstrument, erfordert keine besonderen Heizungsanlagen, da das Trocknen auf jedem Herd, oder mittels Gas erfolgen kann, und läßt sich nach Gebrauch wieder auf die Seite stellen.

Fig. a stellt den Apparat im aufgeklappten Zustande dar, wie er zum Einklopfen der Matrize dient. Bei Herstellung der letzteren wird nämlich die zu stereotypierende

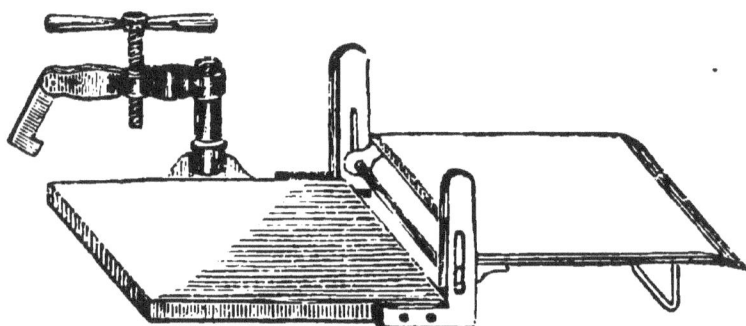

Fig. a.

Form auf der Fundamentplatte des Apparates geschlossen, die Papierbogen dagegen werden auf dem nach der rechten Seite umgeklappten Deckel mit Kleister gestrichen, nach Einklopfen der Matrize wird der Deckel wieder nach links zurückgeklappt, so daß er Schrift und Papierlage deckt; hierauf wird der Arm mit Spindel und Sicherungsklammer über die Mitte des Deckels gedreht und zugeschraubt.

Soll der Apparat nun als Gießflasche dienen, so wird die Matrize, das Bild nach oben, mit den Gießwinkeln zwischen Fundamentplatte und Deckel gelegt und nach dem Zusammenschrauben des Ganzen der Apparat in eine stehende Position gebracht, so daß der Einguß am Mundloch bewirkt werden kann. (Fig. b.)

Untergrund=Druckplatten lassen sich durch Einlage von gemustertem Papier oder Zeug, das ebenso wie jede andere Matrize behandelt wird, herstellen.

Bassler liefert eine Stereotypie=Einrichtung, bestehend aus Stereotypier=Apparat, Rahme (lichte·Weite 31 : 20 cm),

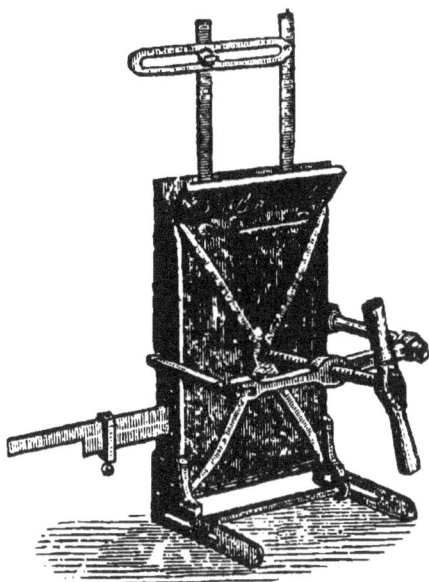

Fig. b.

Gießdoppelwinkel (Cicero= oder Mittelstärke), Flachpinsel, Klopfbürste, Gießlössel, Schmelzkessel, Bestoßzeug mit Hobel, zum Preise von 110 Mark.

II.

Der kleine Buchdrucker, besonders in der Provinz, kann sich auch, wie nachfolgend geschildert, behelfen:

Seine Haupt=Instrumente sind: eine eiserne Kopierpresse, ein Fundament zum Schließen, Schließrahmen für eine Oktav=

Gießwinkel.

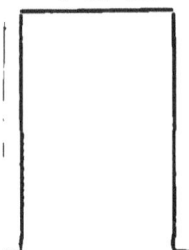

kolumne. Dieser Rahmen kann aus hartem Holz sein und muß in den Ecken gut verzapft sein. Ferner eine Glastafel oder ein glattes Brett als Unterlage zum Streichen des Papieres. Eine Bürste mit langem Stiel zum Schlagen. Einen weichen Kleisterpinsel, den auch eine Samtbürste ersetzen kann. Gießwinkel aus ein Cicero starker Strohpappe, den man mit Speckstein (Federweiß) einreibt.

Die Kopierpresse wird beim Matrizieren durch eine Spiritusflamme oder auf dem nicht zu heißen Herd erwärmt. Der obere, bewegliche Teil der Kopierpresse erhält einige Bogen weiches Papier.

Dieselbe Kopierpresse wird auch als Gießflasche benutzt,

Brett mit Gießmund.

wobei sie schief zu stellen ist. Man klebt die Presse am besten mit Strohpapier aus. Ein glattes Brett, wo der sogenannte „Gießmund" eingeschnitten ist, wird auf den Winkel gelegt und die Presse zugeschraubt. Metall muß immer mehr geschmolzen werden, als benötigt wird.

Jede weitere Handhabung, welche hier nicht mitgeteilt ist, findet sich im „Praktischen Teile" dieses Buches.

Die Kaltstereotypie.

Das fast noch allgemein bei Herstellung der Papiermatrizen angewendete Verfahren ist bekanntlich folgendes: Wenn der Satz für eine Seite eines Druckbogens oder einer Zeitung vollendet ist, wird er in einem eisernen, schrifthohen Rahmen geschlossen, eingeschwärzt, der Revisionsbogen für den Korrektor abgezogen und die Korrektur vollendet. Alsdann reinigt man durch mit Terpentin befeuchtete Bürsten die Druckfläche der Lettern von der anhaftenden Schwärze und legt das naſſe, zur Bildung der Matrize beſtimmte, zu= ſammengeklebte Papier auf, um durch Klopfen mit Bürſten die Impreſſion vom Satz einzuſchlagen oder aber mittels einer Walzenpreſſe den Papiereindruck herzuſtellen. Darauf wird bei bisheriger „heißer Stereotypier=Manier" die Form in eine, womöglich mit Dampf von circa 150° C. geheizte Matrizen= oder Trocken=Preſſe geſchoben, um hier die Matrize unter Druck auf dem ſtark ſich erhitzenden Satz trocknen zu laſſen.

Da ſich nun aber der Letternſatz bei der Erhitzung mehr ausdehnt, als der ihn einſchließende eiſerne Rahmen, ſo deformieren ſich, namentlich bei unvorſichtigem Schließen des Satzes, die weichen Typen gar leicht, ſie laufen breiter, d. h. paſſen nicht mehr zur Originalſchrift, und ſo kommt es, daß der Druck von teilweiſe aus Stereotypplatten, teil= weiſe aus Satz hergeſtellten Stereotypen, wie es täglich z. B. bei den Kurszetteln vorkommt, verſchoben erſcheint und zu fatalen Irrungen Anlaß giebt. Des weiteren verurſacht die Wärme in der Trockenpreſſe ein Zuſammenbacken des Satzes, weil die Reſte von Druckerſchwärze und Terpentin, wie auch aus der Papiermatrize hervorbrechende Kleiſterteile (durch die Wärme leichtflüſſiger gemacht) in die beſonders weiten Zwiſchenräume eindringen und hier bindend adhärieren. Der erhitzt geweſene Satz muß alſo gepocht, beziehentlich gebrochen oder in ähnlicher Weiſe behandelt werden, um ihn ablegen zu können. Auch etwa in der Form vorhandene Holzſtöcke verziehen ſich bekanntlich beim Erhitzen ſtark.

Bedingung für Abſtellung dieſer Übelſtände iſt dem= nach die Vermeidung der Erwärmung des Satzes und eine Einrichtung zum Trocknen der Papiermatrize ohne den Satz derart, daß die Stereotypplatte in gleicher Weiſe aus der Matrize hervorgehen kann. Letztere darf nach dem Trocknen nicht ſtarrtrocken oder brüchig, ſondern ſoll ſo elaſtiſch

sein, daß sie sich bequem biegen und in die cylindrisch aus-
gebohrte Gießflasche einlegen läßt, und daß ferner beim
Trocknen etwa entstandene Bauchungen durch den hydraulischen Druck des flüssigen Stereotypmetalls beseitigt werden.

Um das Angestrebte zu erreichen, trachtete man in erster
Linie in den Zeitungs-Druckereien danach, die schon lange
gegebene Idee des Kalt-Stereotypierens weiter auszudenken.

Die Erfindung der Kalt-Stereotypie ist nach Karl B.
Lorck (Handbuch der Geschichte der Buchdruckerkunst) englischen
Ursprungs.

Genannter schreibt: Ryles & Son in Bradford haben
eine Methode erfunden, die Mater, welche im feuchten Zustande von der Schrift abgehoben wird, in einem besonders
konstruierten Rahmen festzuhalten und für sich zu trocknen.
— Um die Frage der Priorität definitiv zu lösen, wäre es
von Interesse zu erfahren, seit wann man in England diese
Methode kultiviert. —

Im Nachfolgenden sind die in Deutschland in jüngster
Zeit gemachten bedeutendsten Erfahrungen in dieser Beziehung
mitgeteilt.

Faber'sches Verfahren.

Alexander Faber in Magdeburg hat in seiner
Druckerei ein neues Verfahren zur Herstellung der Platten
für die auf Rotationsmaschinen gedruckte „Magdeburgische
Zeitung" eingeführt, welches sich zur vollen Zufriedenheit
bewährt haben soll und welches dadurch vor den üblichen
Methoden sich auszeichnet, daß die Matrize im feuchten
Zustande vom Satz abgenommen und nachträglich allein getrocknet werden kann, so daß letzterer niemals der Einwirkung
hoher Wärme ausgesetzt und so lädiert wird. Die Faber'sche
Erfindung (welche übrigens mit einer analogen Neuerung
der englischen Firma Byles & Allan in Bradford konkurriert)
bezweckt aber nicht allein den Verschleiß der Originaltypen

möglichst zu vermindern, sondern sie soll auch den Herstellungs=
prozeß der Stereotypplatten beschleunigen, also in Wahrheit
eine Ersparnis an Zeit und Geld ermöglichen.

Die bisherige Art, Papiermatrizen herzustellen, erwies
sich für das neue Verfahren als unbrauchbar. Die Faber'sche
Druckerei erzielte das angestrebte Resultat durch die An=
wendung eines Bindemittels mit nachstehender Zusammen=
setzung:

3 Teile Schlämmkreide, 6 T. Stärkemehl, 6 T. Leim
4,5 T. Glycerin und 14,5 T. Wasser.

Es empfiehlt sich hierbei, zunächst einen Stärkemehl=
kleister im Wasserbad herzustellen und darin den vorher ge=
quollenen Leim aufzulösen, alsdann die mit dem Glycerin
verriebene Schlämmkreide allmählich zuzusetzen und mit dem
Rest von kochendem Wasser die zum Aufstreichen erforderliche
Konsistenz zu beschaffen.

Wenn nur ein Papier oder Karton von an sich lockerem
Gefüge für Darstellung der Matrizen zur Disposition steht,
ist ein Zusatz von wenigen Prozentteilen Terpentin zu dem
Bindemittel von Nutzen.

Dieses Bindemittel macht das Matrizenpapier geschmeidig,
anstatt es durchnässend aufzulockern und damit für die Hand=
habung unhaltbar zu machen. Nach dem Trocknen ist eine
mittels dieses Bindemittels aufgesetzte Matrize auch noch so
elastisch, daß der Druck der flüssigen eingegossenen Metall=
legierung für Bildung des sogenannten Stereotyps genügt,
die etwa entstandenen Bauschungen auf das richtige Maß zu
reduzieren.

Nichtsdestoweniger ist es aber erforderlich, auf das
Trocknen der vom Satz bei diesem Verfahren naß abzu=
nehmenden Papiermatrize die größte Aufmerksamkeit zu ver=
wenden, und hängt auch der Erfolg von der Gleichmäßig=
keit der Temperatur ab, welcher alle Teile der oft sehr
großen Matrizen ausgesetzt werden. Bei zu ungleichmäßiger

4*

Erhitzung und Trocknung der Matrize würde selbe sich leicht werfen, respektive verziehen und unbrauchbar werden können.

Letzteres zu verhüten, bedient man sich zunächst eines wiegenförmig (halbcylindrisch) gebogenen, perforierten Bleches, das auf mehreren Füßen ruht, in einem backraumähnlichen Ofen gewärmt und nach Einlage der Matrize daselbst wieder aufgestellt und so beim Trocknen benutzt wird. An den beiden geraden Kanten der sogenannten „Wiege" hängen in Scharnieren kurze Blechstreifen, welche über die Matrize geklappt werden und ein Aufstehen derselben aus der cylindrischen Form wirksam verhindern. Sofern die Matrizen groß sind, handhaben sich dieselben besser, wenn man vor dem Abnehmen von dem Satz ein dünnes Drahtgewebe darüberlegt, das an zwei Enden mit Blechstreifen vernietet ist, die auch Einschlagklappen, wie die Wiege, tragen. Es werden dann zuerst die Enden der Matrize aufgehoben, die Klappen darüber gelegt, dann das Ganze gehoben, umgekehrt und, das biegsame Drahtgewebe nach unten, die Matrize nach oben gewendet in das vorerwähnte, wiegenförmig gebogene, perforierte Blech oder in ein analoges, aus hinreichend starkem Drahtgeflecht oder Gewebe angefertigtes Gestell gelegt. Durch die Perforation oder Maschen dieses Bleches beziehungsweise Gestelles können die beim Trocknen sich bildenden Dämpfe von der Unterseite der Matrize abziehen. Auch ließe sich zu diesem Zweck eine mit vielen kleinen Nuten versehene oder eine aus poröser Thonmasse hergestellte Unterlage anwenden, die in einem wie dem andern Falle außerdem noch durchlöchert sein könnte. Zur Anfertigung von Matrizen für flache Stereotypplatten wird man sich in der Regel statt des wiegenförmigen Gestelles einer flachen Unterlage bedienen, welche im übrigen die Eigenschaften des besagten Gestelles besitzt.

Schon in einem backofenähnlichen Raume, der durch von außen ihn umspielende, abgehende Gase irgend einer Feuerung auf etwa 150 Grad erwärmt wird, kann die Matrize

auf der Wiege oder Unterlage in cirka zwei bis drei
Minuten vollständig, d. h. zum Eingießen fertig, getrocknet
werden. Hat man aber mit großen Formen zu thun, und
will man von der Aufmerksamkeit der Arbeiter für das Ge=
lingen der Matrize unabhängiger sein, dann bedient man
sich eines besonders angeordneten Trockenraumes, welcher, um
der Gleichmäßigkeit der Temperatur willen, mittels regulier=
barer Gasflammen oder der Abgase aus einem sogenannten
Schüttofen, neben dem zugleich die Bleischmelze für die Stereo=
typen steht, wie es die vorstehende Figur zeigt, gewärmt wird.

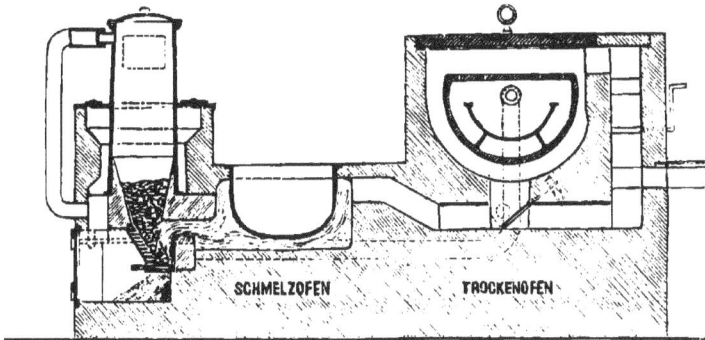

Die Wiege oder das Drahtgestell steht mit der Matrize
in einer Muffel, welche in der Decke zum Abziehen des Dampfes
kleine Öffnungen hat. Auch die Muffel ruht am besten in
einem Eisengestelle, weil sie mit diesem im Falle des Bedarfes
einer Reparatur oder der Reinigung des Gaskanals leicht
ausgehoben werden kann. Deshalb ist der bauchartig zur
Aufnahme des Trockenraumes erweiterte Kanal mit einer
abnehmbaren feuerfesten Decke versehen. Die Zuleitung zum
Trockenofen ist mit einer Klappe versehen, so daß man die
Gase zwingt, zuerst die Muffel zu umspielen und dann in
den Kanal rechts nach dem Schornsteine zu gehen, auch dient
sie zur Regulierung der Temperatur überhaupt.

Um den Abzug des Dampfes im Trockenraume (der
Muffel) und damit das Trocknen selbst zu beschleunigen, ist

von außerhalb ein Rohr in die Rückwand der Muffel ge=
leitet. Die von außen in das Rohr eintretende, oder auch
einzublasende Luft wird im Kanale in den Kanalwandungen
erwärmt und streicht durch den Trockenraum in die Öffnungen
in der Decke der Muffel mit den Kanalgasen selbst und den
mitgeführten Dämpfen in den Schornstein.

Posselt=Schimanski'sches Verfahren.

Diese, vom Faktor der Druckerei des „Berliner Tage=
blattes" Ludwig Posselt und vom Stereotypeur Hermann
Schimanski in Berlin ersonnenen Neuerungen bestehen
hauptsächlich in der Verwendung einer besonderen Masse
anstatt des gewöhnlich angewendeten Kleisters zum Zusammen=
kleben der einzelnen Papierlagen, welche die Matrize bilden.
Diese Masse erhärtet ohne Anwendung eines besonderen Ofens
binnen wenigen Minuten, wenn die Matrizen oberhalb des
Schmelzkessels auf Rahmen liegend hingelegt werden, sie soll
ein besseres Ausfließen des Metalles bedingen, so daß an=
geblich selbst die feinsten Gravierungen tadellos wiedergegeben
werden, und endlich lassen sich mittels derselben Klischier=
bogen für den Handel herstellen, mittels deren jeder, welcher
Klischees von Holzstöcken oder von Schrift abnehmen will, ohne
weitere Vorkehrungen hierzu im stande ist.

Das größtenteils aus plastischen Massen bestehende
Klebemittel wird aus folgenden Substanzen hergestellt:

Feines Roggenmehl . .	220 g
Geschlämmter Thon .	225 g
Schlämmkreide . .	475 g
Borax	15 g
Glyzerin	10 g
Roter Bolus . . .	55 g

Sämtliche Substanzen, mit Ausnahme des Roggen=
mehles, werden in einen beliebigen Behälter gethan, und
mit 1 Liter kalten Wassers angerührt. Wenn sich alles voll=

ständig aufgelöst hat, gießt man einen Teil der so ge=
wonnenen Flüssigkeit auf das zuvor in ein besonderes Gefäß
geschüttete Roggenmehl und rührt dasselbe schnell zu einem
teigartigen, möglichst stücklosen Brei an. Erst nachdem dies
geschehen, gießt man das Ganze zusammen, verbindet es
durch nochmaliges starkes Rühren und drückt es durch ein
feines Haarsieb. Hierauf setzt man diesem so gefertigten
Brei soviel kaltes Wasser zu, daß sich derselbe mit einem
breiten, flachen Borstenpinsel auf Papier gleichmäßig aus=
streichen läßt.

Bei Herstellung der Matrize wird folgendermaßen ver=
fahren: Man legt zuerst einen Bogen Druckpapier auf eine
Steinplatte und bestreicht denselben gleichmäßig mit dem
Kleister, dann nimmt man einen Bogen gewöhnlichen roten
Löschpapiers oder statt dessen für bessere Arbeiten einen Bogen
Kupferdruckpapier und vereinigt denselben durch Anstreichen
vermittels der Hand mit dem bereits bestrichenen Druckbogen.
Hierauf bestreicht man wieder den Lösch= beziehungsweise
Kupferdruckbogen sorgfältig mit Kleister und nimmt nun
einen Bogen Seidenpapier, streicht ihn recht glatt an und
bedeckt ihn mit Kleister. Ebenso verfährt man mit einem
zweiten Seidenpapierbogen. Dann nimmt man einen dritten
Seidenpapierbogen, legt ihn auf den zweiten und streicht ihn
recht sorgfältig aus, da er bestimmt ist, beim Auflegen des
Matrizenbogens unmittelbar diesen mit dem Schriftsatz zu
verbinden. Der so fertig gestellte Matrizenbogen muß unter
ganz leichter Beschwerung mindestens eine Stunde ruhen,
ehe er zum Formen verwendet werden darf.

Der so hergestellte Bogen kann nunmehr in der Wärme
des Gießraumes getrocknet und zu späterer Verwendung bei=
seite gelegt werden. Um ihn zur Anfertigung einer Matrize
zum Stereotypguß zu benutzen, braucht man ihn nur eine
kurze Zeit zwischen zwei feuchte Filzplatten zu legen, um ihn

allmählich durchfeuchten zu lassen; er ist dann ebenso taug-
lich zur Stereotypie wie der frische Bogen.

Die plastischen Massen, welche in der Bindemasse außer
dem Mehl- (nicht Stärke-) Kleister enthalten sind, namentlich der geschlämmte Thon, nehmen bei dem Anfeuchten des
Bogens die dargebotene Feuchtigkeit langsam auf und ver-
mitteln, wie die Erfinder behaupten, die Herstellung eines
haarscharfen Abdruckes, weil diese Massen elastisch sind und
daher stehen bleiben, wenn der auf den Holzschnitt oder den
Schriftsatz mit der Bürste geklopfte Bogen abgezogen wird.
Die früher benutzte Masse aus Stärkekleister und Leim mit
verhältnismäßig geringem Zusatz von Schlämmkreide diente
nur zum Verbinden der einzelnen Papierlagen und diese
selbst bildeten die Hauptmasse, welche aber vermöge ihrer
Elastizität nach dem Abzug und während des Trocknens
sich derart veränderte, daß eine haarscharfe Form nicht
mehr verblieb, der Abguß also auch nicht scharf werden
konnte.

Bekannt ist ferner die Einwirkung des Borax auf flüssige
Metalle. Man nimmt diese Beimischung, um das Ausfließen
des Metalles zu erleichtern und spiegelglatte Flächen des
Gusses zu erzeugen. Der Borax bildet z. B. beim Hart-
löten von Kupfer, Messing und dergl. eine wie Firniß die
Luft abschließende Schicht auf der Oberfläche der Metalle;
bei Plätten der Wäsche benutzt, erteilt er dieser einen
hohen Glanz. Die Wichtigkeit seiner Beimischung zur Stereo-
typiermasse dürfte also wenigstens erklärlich sein. Der rote
Bolus in seinem feinen Gefüge ist aus dem gleichen Grunde
ein wichtiger Zusatz. Zum Stereotypieren sind diese Stoffe
als Zusätze bei der Matrizenmasse noch ebenso wenig benutzt
worden wie Roggenmehl und geschlämmter Thon.

Die frisch gefertigte, nicht getrocknete Pappe läßt sich
auch sofort zum Erzeugen von Matrizen für Stereotypen
verwenden. Derart hergestellte Matrizen halten angeblich

bis 20 Güsse aus, während bei Anwendung des bisher bekannten Kleisters, der hauptsächlich aus Stärkemehl und Schlämmkreide bestand, deren höchstens 6—8 von einer Form entnommen werden konnten. Diese größere Haltbarkeit der neuen Matrizen gegen die Einwirkung der Hitze des geschmolzenen Metalles beruht auf der Anwendung der Kittmasse, die ziemlich unverbrennlich ist, während die bekannte in Folge ihres verhältnismäßig hohen Gehaltes an vegetabilischer und animalischer Substanz durch die Hitze mürbe gemacht wird.

Jhlow-Schulz'sches Verfahren.

Dieses Verfahren wurde durch den Faktor der Berliner Zeitungsdruckerei „die Post" (Kaÿßler & Co.), Jhlow daselbst eingeführt, nachdem es von dem da angestellten Stereotypeur Bernhard Schulz ausgedacht war. Die Einführer dieses Verfahrens haben kein Patent darauf genommen und ist dasselbe deshalb Gemeingut Aller.

Als Bindemittel zum Matrizenpapier wird ein Kleister benutzt, den man aus ungefähr gleichen Gewichtsteilen Schlämmkreide und Roggenmehl herstellt, indem man die Schlämmkreide vorher einweicht und mit dem Mehl durch Zusatz von Wasser einen dicken Brei kalt anrührt, den man zum gelegentlichen Gebrauch aufbewahrt. Will man also Matrizenpappen herstellen, was ganz in der üblichen Weise unter Benutzung roten Löschpapieres und Seidenpapieres (prima Qualität) geschieht, so verdünnt man in einem besonderen Napf die benötigte Quantität von Brei unter gehörigem Durchrühren mit Wasser, so daß ein dünner, förmlich tropfbarer Kleister entsteht.

Das Schlagen der Matrize mit der Bürste geschieht wie üblich auf dem, in schrifthohem Rahmen und Stegen geschlossenen Satz. Die so geschlossene, ausgelegte Matrize wird mittels eines Klopfholzes egalisiert und, wenn nötig, mit der weichen

Bürste nachgeklopft. Alsdann hebt man die noch feuchte
Matrize vom Satz ab und legt sie mit ihren gepreßten
Rändern auf einen gehobelten, innen mit Drahtgeflecht ver=
sehenen Rahmen A, dessen Lichtweite nur wenig größer ist,
als das Relief der Matrize m m. Das innen, an der Ober=
seite des Rahmens A sich ausspannende Drahtgeflecht (oder

Trockenraum

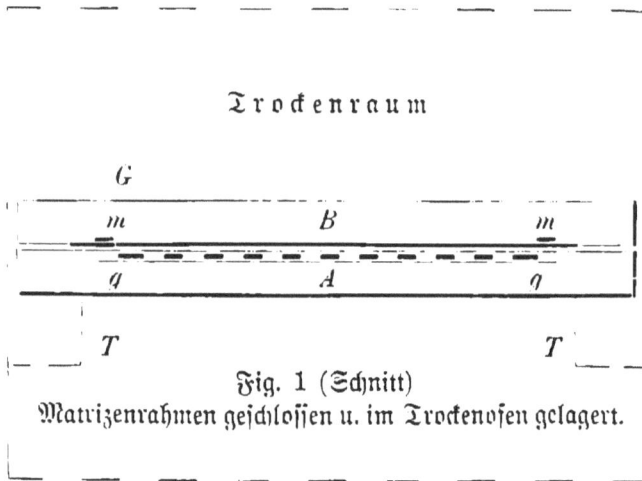

Fig. 1 (Schnitt)
Matrizenrahmen geschlossen u. im Trockenofen gelagert.

Drahtgitter aus Messingdraht) g hat den Zweck die Matrize
tragen zu helfen und gegen Durchhängen zu schützen. Über
den erwähnten Eisenrahmen A wird nun ein gleich großer
Oberrahmen B so gelegt, daß er mit seinen inneren Rahmen=
teilen sich auf den gepreßten Rand der Matrize legt. Letz=
terer liegt nun also zwischen zwei Rahmen A und B und
wird von diesen vollständig festgehalten, sobald man mit
Hilfe von vier am unteren Rahmen A befestigten drehbaren
Vorreibern R, den Oberrahmen gegen den Unterrahmen
spannt, was sich im Nu bewerkstelligen läßt.

Unterrahmen A besitzt zum bequemen Anfassen und zum
Transportieren zwei Handgriffe H und Oberrahmen, B kleine
Griffe G, die womöglich mit Holz oder Leder bekleidet sind,
damit man sich die Finger beim Anfassen nicht verbrennt.

Die so zu einem Ganzen geschlossenen Rahmen werden nun mit der eingespannten Matrize in einen durch gebrochene Linien angedeuteten Trockenraum geschoben. Dieser Raum

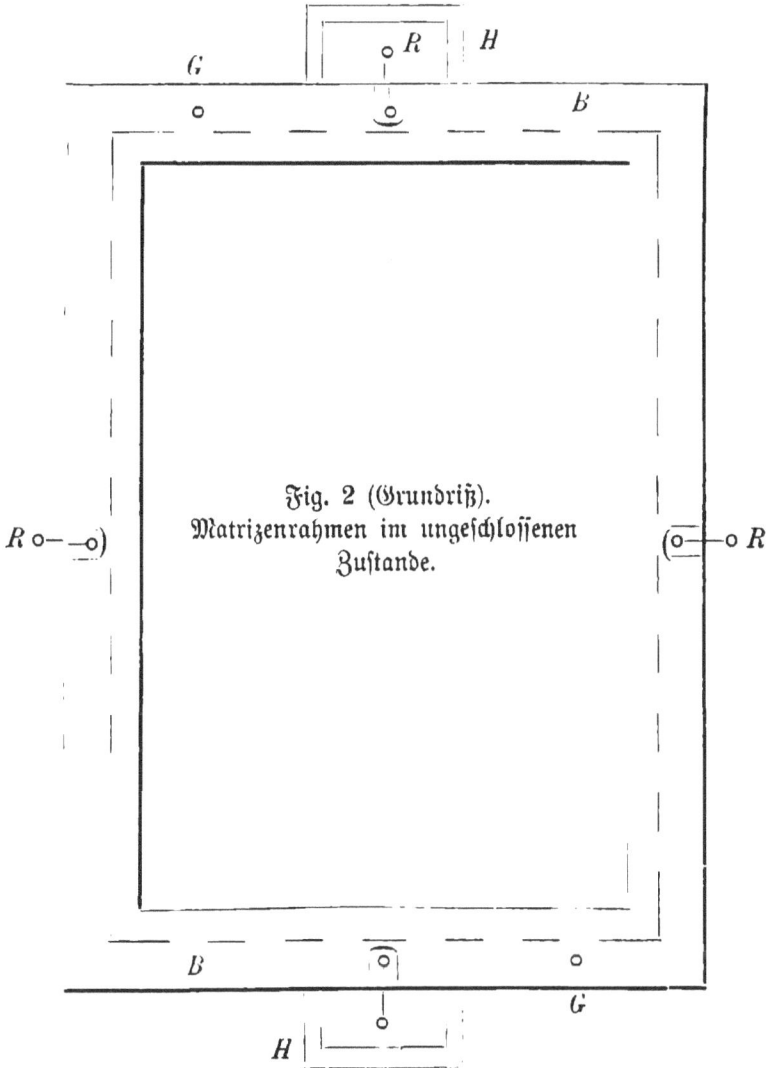

Fig. 2 (Grundriß).
Matrizenrahmen im ungeschlossenen Zustande.

besteht aus einem eisernen, einer Bratröhre nicht unähnlichen Kasten, der seitlich neben dem Schmelzkessel eingemauert, auf der Vorderseite mit einer eisernen Verschlußthür und seitlich innen mit einem Paar Tragleisten T versehen ist, auf welchen die Rahmen eingeschoben und zum vollständigen Trocknen belassen werden. Je nach der Beschaffenheit der Matrize (d. h. ob mit kompressem Satz, oder aber mit Inseratensatz, also stark ausgelegten „weißen Stellen" versehen) ist das Trocknen derselben in drei bis vier Minuten bewerkstelligt. Der Trocken= kasten wird erhitzt mit ungefähr 120° durch die abziehenden Brennungsgase des Schmelzkessels, welche den Kasten um= spülen und durch Stellung einer Klappe bei überflüssiger Hitze auch genötigt werden können, mehr oder weniger direkt durch den Schornstein zu entweichen.

Übrigens ist unter dem Trockenkasten noch besondere Feuerungsanlage vorgesehen, die aber in der Regel gar nicht benutzt wird.

Zur Beschleunigung des Verfahrens heizt man auch wohl die Eisenplatte, welche den zu schlagenden Satz und die Presse trägt, ein wenig durch Dampf, so daß das Trockenrahmen= paar vorgewärmt und auch der Satz etwa handwarm wird, was demselben gewiß nichts schaden kann.

Nach Aussagen von Fachmännern sind die so gewonne= nen Matrizen nicht nur geschmeidig, sondern sind auch ge= nügend scharf und halten zahlreiche Abgüsse aus.

Über Schließen der Stereotypie-Formen.

Wir wollen an dieser Stelle noch spezieller des Schließens von Stereotypformen gedenken. Man benutzt zur Befestigung der Platten h ö l z e r n e oder b l e i e r n e, meist zusammensetz= bare, daher jedem Format anzupassende Unterlagen für die Platten, die man F a s s e t t e n nennt. Die hölzernen Fassetten sind gewöhnlich aus Mahagoniholz gefertigt -und bestehen

aus zwei oder drei Teilen; in ersterem Falle sind an jedem
dieser Teile an der langen Seite zwei kleinere oder ein
großer, an der oberen schmalen Seite des einen und der
unteren Seite des andern aber nur je ein kleinerer Halter
von Messing angeschraubt; diese Halter liegen über dem
schräg zugehobelten Rande der Platte und halten sie fest, so
daß sie sich, wenn sie gut justiert ist, weder heben noch senken,
noch auch verschieben kann, da sie an allen Seiten unter den
gebogenen Haltern liegt.

Besteht die Unterlage aus drei Teilen, so erhält das
Mittelteil oben und unten meist nur zwei gerade Halter,
gegen die sich die Platte legt und die sie vor dem Verschieben bewahren, während die gebogenen Seitenhalter sie
auf die Unterlage festdrücken. Diese Art von Fassetten läßt
sich durch Zwischenlegen und Anschlagen von Bleistegen,
Quadraten oder Regletten leicht verbreitern und verlängern.
Bei einer andern Sorte wiederum sind die meist genau
Viertelpetit starken Halter nicht an den Unterlagen selbst befestigt, sondern werden zwischen das Format der Form eingeschlossen. Da diese Halter meist nur zwei Konkordanzen
breit sind, so müssen sie den Längen und Breiten der Kolumnen gemäß zwischen Durchschuß ausgeschlossen werden. Es
giebt ferner hölzerne Eckfassetten mit Haltern, von denen je
vier, mit Bleistegen zu solchen Unterlagen vereinigt, Verwendung finden.

Die aus systematisch gegossenen Bleistegen zusammenge-
setzten Unterlagen sind jedenfalls die empfehlenswertesten, denn,
wenn sie nicht mehr gebraucht werden, legt man sie ab und
benutzt die einzelnen Stege wieder zum Satz und zum Format-
machen, nur die Stücke mit den angeschraubten Haltern
aufhebend. Formen mit solchen Bleiunterlagen steigen nicht
so leicht, wie die mit Holzunterlagen und bieten alle sonstigen,
sich durch ihren systematischen Guß ergebenden Vorteile.
Die Halter sind entweder gleichfalls von Messing gefertigt,

also denen der Holzfassetten ähnlich, oder sie sind gleich von
Schriftmetall an den Steg angegossen. Der Maschinen=
meister hat bei Benutzung solcher Fassetten zunächst die Platten
zwischen die Halter einzuschieben, und sich zu überzeugen, ob
diese auch fest genug auf dem schräg gehobelten Rande der
Platten aufliegen, diese letzteren sich also nicht heben und
senken können, wenn die Walzen darüber gehen; ebenso hat
er darauf zu achten, daß die, die Fassette selbst bildende Unter=
lage in der gehörigen Größe zusammengesetzt wurde, dem=
nach auch den erforderlichen leichten Druck von den Seiten
aus auf die Platte ausübt, und ihr so eine feste Lage
sichert. Der Maschinenmeister erhält oft sehr schwach ge=
gossene Platten, die dann nicht fest unter den Haltern liegen;
ein Herunterklopfen der letzteren ist aber unstatthaft und das
einzige Mittel zur Abhülfe dieses Übelstandes nur ein Unter=
legen jeder Platte mit einem Stück Kartonpapier, so daß sie
fester unter die Halter zu liegen kommen. Sehr praktisch
ist es, wenn die Halter an der Stelle, wo die Befestigungs=
schraube durch sie hindurch geht einen kleinen Schlitz haben
und sich in demselben heben und senken lassen, wenn man
die Schraube etwas lockert.

Bei dieser Einrichtung ist es möglich, jeder Plattenstärke
Rechnung zu tragen. Hat man sämmtliche zu einer Form
gehörige Platten auf die Unterlagen gebracht, so wird das
Format hergestellt, dann aber ganz besonders das Lineal zu
Hülfe genommen, damit alle Platten genau in Linie stehen,
was oftmals von vornherein nicht der Fall sein wird, da
man es hier ja nicht mit streng systematisch justierten Kolum=
nen zu thun hat.

Da das Verrücken einzelner Platten zur Erzielung eines
genauen Standes unerläßlich ist, so ist es geraten, alle
Formatstege so zu nehmen, daß man noch einige Regletten
anlegen kann; auf diese Weise ist es möglich, die Breite der
Stege zu verringern oder zu vergrößern und so einen ge=

regelten Stand aller Platten herbeizuführen. Ist das Justieren erledigt und die Form leicht angetrieben, so über= zeugt man sich durch leichtes Aufschlagen auf die Platten mit der geballten Faust, ob dieselben auch fest, also nicht hohl auf den Unterlagen liegen. Jede nicht fest aufliegende Platte wird sich durch den hohlen Klang verrathen, den das Daraufschlagen verursacht und eine Abhülfe dieses Übel= standes durch Unterlegen der ganzen Platte von unten leicht zu bewerkstelligen sein. Die in Papiermatrizen gegossenen Platten sind oft seicht, wenn die Matrize nicht tief genug geschlagen wurde. Solche seichte Platten drucken sich sehr schlecht, weil sie leicht schmieren, und man wird häufig durch vorsichtiges Wegstechen oder Schaben sich schmierender Stellen nachhelfen müssen. Werden auf solche Platten große Auf= lagen gedruckt, so wird sich dieser Übelstand noch weit leichter einstellen und je mehr sich die Platte abnutzt, desto mehr hervortreten.

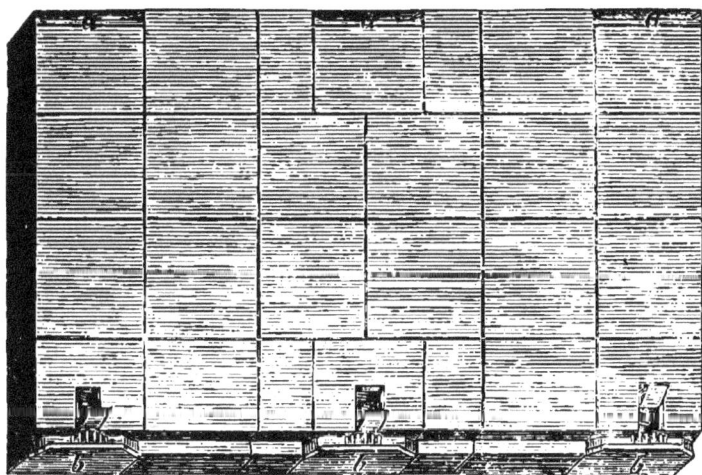

Eine sehr hübsche und sichere Befestigung von Stereotyp= platten ermöglicht die vorstehend abgebildete, aus Bleistegen zusammengesetzte Fassette. An der einen Längsseite sind Stege mit angeschraubten Haltern a a a eingefügt. Die beweg=

lichen Halter b b b der anderen Seite dagegen lassen sich mittels eines kleinen gezahnten Schraubenkopfes und eines Gewindes vor= und rückwärts bewegen und so angemessen fest an die Platte anpressen.

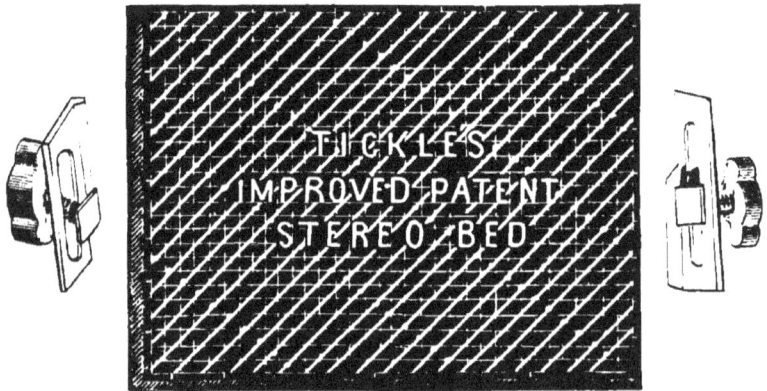

a

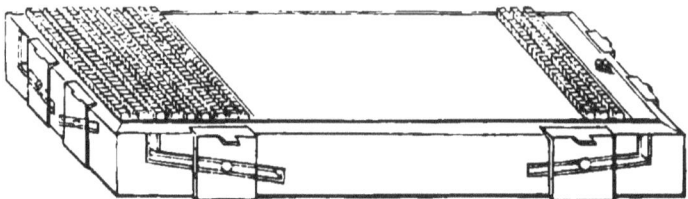

b

c

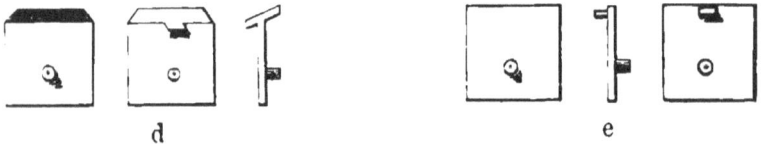

d   e

Eine andere Methode, Platten zu befestigen, verdeutlicht uns der als obige Zeichnung abgebildete Mechanismus. Derselbe besteht aus einer großen, starken, eisernen Platte, welche in schräger Richtung mit einer größeren Anzahl schmaler Ausschnitte versehen ist. Die Stereotyp=Druckplatten werden nun in angemessenen Entfernungen auf die eiserne Platte gelegt und dann mittels der kleinen, mit Schrauben

versehenen Plattenhalter, analog den bisherigen Facetten, befestigt. Die Form dieser Halter haben wir links und rechts der Fußplatte abgebildet. — Mit diesen eisernen Fußplatten wird der Schließrahmen soweit ausgefüllt, daß nur noch Platz für das Schließzeug bleibt; Stege und Spieße kommen somit in Wegfall. Auch läßt sich, sofern von Seite der Fabrik die Riemen exakt gearbeitet sind, leicht Register machen, da jede Platte für sich eingeschlossen ist, also beliebig ver= schoben werden kann. Dem Rosten der Eisenplatte wäre dadurch vorzubeugen, daß man dieselben, respektive die Rinnen leicht einölte und es möglichst vermiede, die Stereotyp= Platten auf den eisernen Fußplatten zu waschen, was bei Platten keine so große Schwierigkeit ist. Die Firma Nieß in Frankfurt a. M. baute vor längerer Zeit solche „Univer= sal=Platten auf Schrifthöhe zum Ersatze der Facetten und Unterlagen" in verschiedenen Größen. Nur waren dieselben sehr ungenau gearbeitet und konnten den Erfolg nicht liefern, welchem man sich versprach, was man in Fachkreisen lebhaft bedauerte, da die Erfindung von wirklichem Werte ist. Die Abbildung auf der vorhergehenden Seite zeigt eine solche „Universal=Platte" mit in vielfachen Varianten befestigten Stereotyp=Platten.

Weiteres haben wir der neuen Methode zum Schließen von Stereotyp=Platten zu gedenken, welche wir unter b, c, d und e (Seite 64) bildlich veranschaulichen. Die Abbildung b stellt den Plattenkloß dar; dieser muß nach allen Richtungen 24 oder 12 Punkte (Doppelcicero oder Cicero) kleiner sein, als die auf ihn zu legende Stereotypplatte; an allen vier Seiten des Kloßes werden Eisen oder Holzlinien von eben= falls 24 oder 12 Punkte Stärke angelegt, von denen jede einen Falz= oder Einschnitt von der Form der Zeichnung c hat. Jeder Greifer (d und e: äußere Ansicht und Profil) ist mit einem kleinen Bolzen versehen, der in den Falz der Linie tritt. Nun wird der Greifer von oben nach unten soweit in den Falz hinabgeschoben, bis er sich auf die Ab= schrägung des Plattenrandes legt. Der kleine, am obern Teil des Greifers befestigte Bolzen, der mit der Höhe des anliegenden Steges genau übereinstimmt, hat den Zweck, Letzteren in seiner Lage festzuhalten. Für den Gebrauch dieser Greifer sind eigene gerade Köpfe und Füße für die

Köpfe und Füße der Klötze vorgesehen; diese Köpfe haben gleicherweise innere und äußere Bolzen; die geschlossene Form bildet somit gewissermaßen einen einzigen Block. Höchst einfach und schnell geht das Auswechseln der Platten vor sich: die Greifer am Kopf oder am Fuß werden hinweggenommen und die übrigen Greifer ein wenig gehoben, wobei die Platte soweit frei wird, daß sie leicht herausgezogen und die andere eingeschoben werden kann. Der Erfinder dieser neuen Greifer ist ein Arbeiter in der Buchdruckerei von George Jakob in Orleans, welch letzterer ein Patent darauf für seinen Schützling ausgewirkt hat. Hervorgehoben sei noch der gegenüber der soliden Ausführung dieser Greifer sehr mäßige Preis, welcher 12 frcs. das Hundert nicht übersteigt.

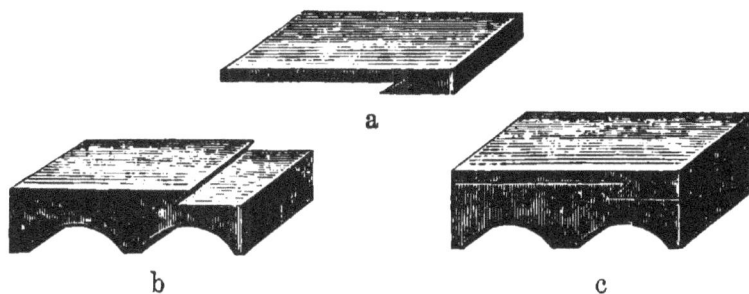

a

b   c

Eine andere Gattung der Befestigungs-Vorrichtungen für Stereotyp-Platten sind die sogenannten: Stereotyp-Blöcke, welche sich die Londoner Buchdruckerei-Firma: Cassell, Petter & Galpin patentieren ließ. Dieses System soll mit sehr mäßigen Preisen noch die Vorteile einfacherer Behandlung und schnellerer Druckzurichtung verbinden. Der Block oder Schuh ist von Metall und unten, wie größere Metallstege oder Ausfüllblöcke, konkav ausgehöhlt. Die obere Fläche des Blockes ist etwa ein Viertel ihrer Länge etwas niedriger und an der Stelle, wo die Vertiefung beginnt, schräg nach rückwärts, eingeschnitten. Die darauf zu liegen kommende Stereotyp-Platte ist in derselben Distanz um soviel stärker gegossen, als die Vertiefung im Block beträgt und schräg vorspringend unterschnitten. Wird die Platte auf den Block gelegt und dicht angeschoben, so tritt der Vorsprung der Platte in den Einschnitt des Blockes und wird in dieser Weise eine sogenannte Schwalbenschwanz=Verbindung hergestellt. Nachdem die Form in der Maschine geschlossen, verhindern die Stege jedes Ausweichen aus ihrer Lage. Unsere Ab= bildungen zeigen in a die Stereotyp=Platten, in b den Ste= reotyp=Block und in c beide zu einem verbunden.

Obwohl das Verfahren, die zu einer vollen Form gehörenden Stereotyp=Platten mittels Cements zu befestigen, in England schon früher angewendet wurde, so trat doch der Buchdruckerei=Besitzer Richard Clay in London mit einer wirklich neuen Methode in der Richtung auf, nach welcher Rahmen, Keile, überhaupt alles Schließen, Schuhe, Stege ꝛc. in Wegfall kommen. Die Einzelheiten dieser neuen Be= festigungsweise sind folgende: Statt der Schuhe für jede einzelne Platte wird eine vollkommene ebene eiserne Platte von der Größe, wie sie das Fundament der Maschine zuläßt, und der Stärke der gewöhnlichen Stereotyp=Plattenschuhe ange= wendet. — An der einen Seite des Fundaments einer Hand= presse, von der der Deckel weggenommen, wird ein Dampf= kasten so angebracht, daß dieser mit der Fläche des Fun= daments in gleicher Linie steht. An der andern Seite des Dampfkastens, (der von gleicher Größe wie das Fundament sein muß) wird die den Stereotyp=Plattenschuh bildende eiserne Platte so aufgestellt, daß sie leicht über den Dampfkasten ge= schoben werden kann. Ist dies geschehen und die Platte dort genügend erwärmt worden, so wird sie mittels einer Bürste mit einem eignes zubereiteten Cement überstrichen. Ist dieser geschmolzen, so wird die Platte behufs des Ab= kühlens auf ihr Gestell zurückgezogen. Nach vollständiger Abkühlung werden die Stereotyp=Platten auf den trockenen Cement gelegt und in die dem Format entsprechende Richtung gebracht. Am sichersten wird die genaue Entfernung der Platten von einander getroffen, wenn ein mit Fäden kreuzweis über= spannter Holzrahmen auf die Schuhplatte gelegt wird; die Fäden liegen so weit von einander, als die Kolumnen aus einander stehen sollen. Ist dies in Ordnung, so wird die Schuhplatte wieder auf den Dampfkasten und nach dem voll= ständigen Schmelzen des Cements auf das Pressenfundament geschoben. Die Stereotyp=Platten werden mit einigen Bogen Papier bedeckt und der Karren eingefahren. Beim Ziehen muß so lange angehalten werden, bis der Cement erkaltet ist, welcher nun eine sich über die Facetten legende, luft= dichte Verbindung bildet. Die Erfahrung hat gezeigt, daß auf diese Weise befestigte Platten in Tiegel= sowohl, wie in Cylinderdruckmaschinen unverrückbar fest liegen. Es erklärt sich dies dadurch, daß der flüssige Cement auch unter die schwächeren Stellen der Platten läuft und somit alle Teile der Form fest mit einander verbindet. Der Maschinenmeister hat nun weiter nichts zu thun, als die Schuhplatte mit den Stereotyp=Platten wie jede andere geschlossene Typenform in die Maschine zu legen und mit dem Zurichten zu beginnen. Der zu diesem Verfahren zu verwendende Cement besteht aus: ein Pfund Bienenwachs, ein Pfund Colophonium und $\frac{1}{4}$ Pfund Burgunderpech. Sollte diese Zusammensetzung zu hart befunden werden, so ist noch Wachs oder Pech hinzuzufügen. Wird es nötig, eine einzelne Platte herauszunehmen, so bedient man sich in der Tiegelmaschine hierzu eines kleinen Gasrohres, mit welchem die betreffende Platte so weit erwärmt wird, bis sie sich vom Cement leicht ablöst. Beim Wiedereinsetzen wird die untere Fläche der Platte abermals erwärmt, auf die Cement= fläche gelegt und drei oder viermal unter den Tiegel ge= bracht, worauf sie mit den anderen Platten wieder gleiche Ebene annimmt. Ob dies bei Cylindermaschinen anwendbar sein mag, dürfte dahingestellt sein und wäre eher zu raten, gleich die ganze Form herauszunehmen und sie in die mit dem Apparat versehene Handpresse zu bringen, besonders da dies verhältnismäßig wenig Umstände verursacht. Ist eine Form ausgedruckt, so werden die Platten mittels eines, mit ein wenig Geschick gehandhabten starken und breiten Messers abgelöst, die Schuhplatte mit dem anhaftenden trockenen Cement auf den Dampfkasten gebracht und wenn dieser glatte Ueberzug trocken ist, wird die Schuhplatte zu fernerem Gebrauch bei Seite gestellt.

Eine hierher gehörige Art, ist das Befestigen der Stereotyp=Platten mittels Kitt und zwar aus Hausenblase. Wie verlautet wird das Verfahren besonders bei kleineren Platten, welche auf einem Holzfuß befestigt als Klischees in den Satz eingefügt werden, angewendet. Die Bereitung des Kitts ist folgende: Die Hausenblase wird, nachdem sie in kleine Stücke geschnitten wurde, in ein irdenes Gefäß gebracht, guter Weinessig dar= über gegossen, und das Ganze 3—4 Stunden stehen gelassen. Ist der Essig vollkommen aufgesaugt und die Hausenblase weich geworden, wird noch etwas Essig darüber geschüttet und die Mischung bis zum Kochen erhitzt. Die passende Konsistenz in der Art wie gutflüssiger Sirup, ergiebt sich bald. Die aufzuklebende Platte muß ganz flach sein und aufgerauht werden, was auf einem Sandstein geschieht. Die Platte wird hierauf erwärmt, der Leim mittels Pinsel aufgetragen und auf den Holzblock gebracht und beschwert. Nach ungefähr einer Stunde haftet die Platte vollkommen fest am Holze und ist zum Drucke brauchbar.

Die jetzt gebräuchlichste Schließmethode mit gezahnten keilförmigen eisernen Stegen und kleinen gezahnten Rollen, schlechtweg „mechanische oder französische Schließstege" genannt, (Marinoni in Paris soll der Erfinder sein), führen wir in nach= stehender Abbildung vor. — Die gezahnten Stege hat man in den verschiedensten Längen; die kleinste, etwa 11 cm lange Sorte bildet einen einfachen Keil, wie ihn unsere

Abbildung: „Einfacher Schließsteg nebst Schließrolle" zeigt
die übrigen Sorten bilden dagegen einen Doppelkeil in der
Form, wie ihn die beiden Seitenkeile unserer Abbildung:

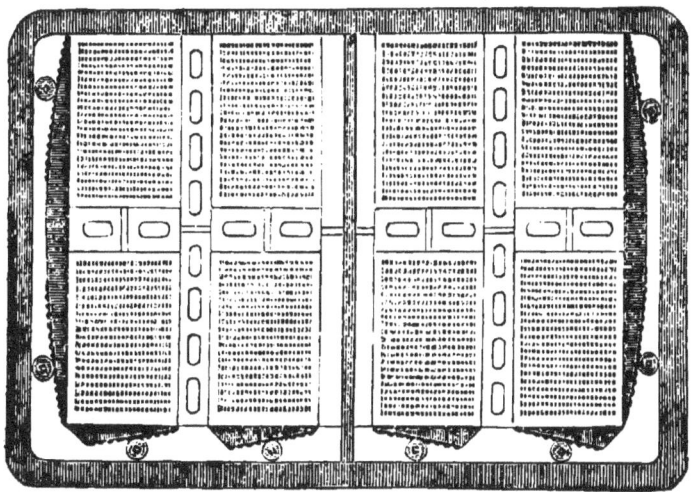

Eine geschlossene Form.

Einfacher Schließsteg mit Schließrolle.

„Eine geschlossene Form" zeigen; je kleiner diese Doppel=
keile werden, desto mehr nähern sich die Zähne von beiden
Seiten in der Mitte des Steges, desto kürzer wird also die
gerade Fläche. Die Zähne der Rollen befinden sich, wie
der Leser leicht erkennen wird, in
ihrer Mitte und sind oben und unten
durch eine kreisförmige Fläche in
gleichem Umfange wie ihre äußersten
Spitzen gedeckt. Zum Antreiben
dieser in Eisenguß, noch besser aber in Rotguß

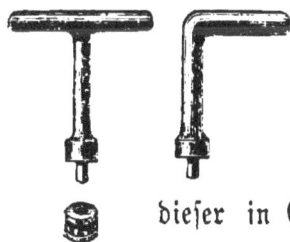

ausgeführten Rollen dient ein eiserner Schlüssel wie die vorstehende Abbildung zeigt; der zweiten Art in Form eines rechten Winkels, ist insofern für die Benutzung an der Maschine der Vorzug zu geben, weil die letzte Rolle oft sehr nahe an den Walzen steht, man daher bei etwaigen Aufschließen auf dem Fundament mit dem doppelwinkeligen Schlüssel nicht gut dazu kann. Das Schließen einer Form mit den mechanischen Schließstegen wird auf folgende Weise bewerkstelligt. Die gezahnten Stege werden durch Ausfüllung mit Formatstegen so nahe an den Rahmen heran gebracht, daß, wenn man die Röllchen einsetzt, diese nur in 2—3 Zähne des Steges eingegriffen haben, man also, will man die Form antreiben, schon den Schlüssel zur Hand nehmen muß. Sind die Rollen eingesetzt, so legen sich die flachen kreisförmigen über und unter der Zahnung des Röllchens liegenden Teile gegen die inneren Flächen der Rahmen sowie die glatten Flächen des Steges und lassen sich die Rollen nun mittels des Schlüssels, dessen viereckiger Dorn in die Öffnung des Röllchens paßt, nach und nach dem starken Ende des Steges zudrehen, die Form auf diese Weise immer mehr und mehr zusammenpressend. Wie bei den Keilen, ist auch hier das Antreiben nur nach und nach und bei allen Rollen gleichmäßig zu bewerkstelligen; das Klopfen der Form geschieht, wenn alle Rollen nur erst leicht angetrieben worden sind. Treibt man von vorne herein zu stark an, so steigt auch bei dieser Schließmethode die Form sehr leicht. Ratsam ist es, bei Anwendung der Rollenstege möglichst Formate von Bleistegen zu benutzen, da Holzformate nach dem Urteil von Personen, welche viel mit diesen Schließstegen und Rollen arbeiten, das Steigen der Formen wesentlich leichter herbeiführen.

Ein äußerst praktischer, in vielen großen Zeitungs-Druckereien in Verwendung stehender Rahmen ist der in folgender Abbildung dargestellte.

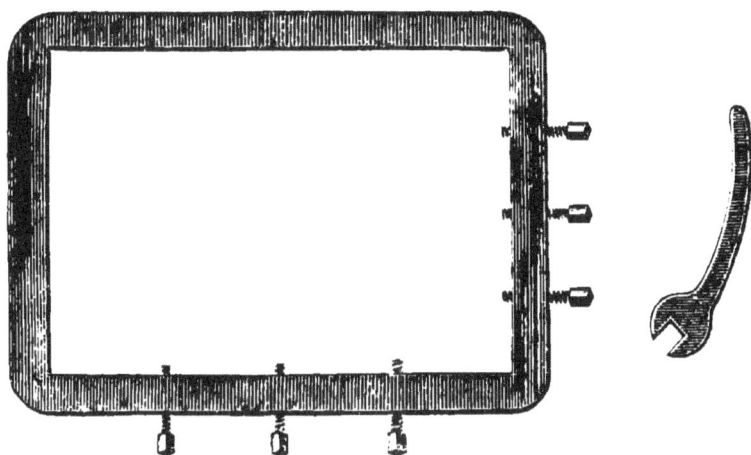

Ist die Form ordentlich ausgeschlossen, so werden die Schrauben mittelst eines Mutterschlüssels (siehe die beigegebene Abbildung desselben) angezogen.

Paul Knoll in Wesel hat einen Schließapparat erfunden, um dünne Stereotyp=Platten und Klischees in bequemer Weise auf Schrifthöhe zu bringen. Der Apparat besteht aus Teilen, nämlich aus dem in Abbildung 1 gezeichneten gußeisernen Kasten, aus dem in Abbildung 2 dargestellten gußeisernen Schieber und

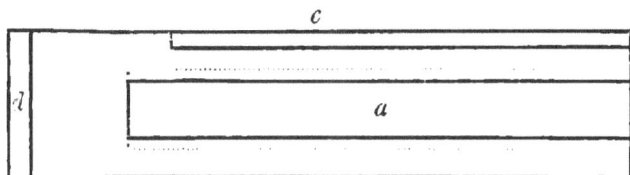

Abbildung 1.

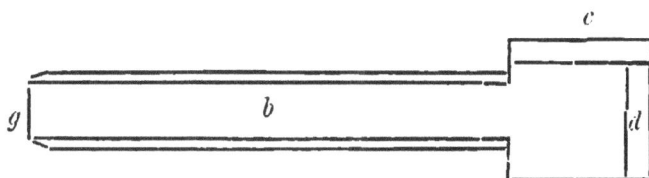

Abbildung 2.

aus einer schmiedeeisernen Schraube. Der als Abbildung 1 im Grundriß dargestellte Kasten, welcher 100 mm lang, 32 mm breit und cirka 19 mm hoch ist, besitzt auf seiner oberen Seite eine schwalbenschwanzförmig ausgefräßte Längs= nut a und an einer Seite derselben eine 1 mm hohe, 1 mm breite und cirka 90 mm lange Leiste c. An dem einen Stirnende des Kastens springt ferner ein Anschlag=Knaggen d nach oben vor, welcher zum Festhalten der Platte dient. Der in unserer Abbildung 2 gezeigte schwalbenschwanzförmige Schieber ist 110 mm lang und im übrigen so bemessen, daß das schwalbenschwanzförmige Stück b genau in die schwalben= schwanzförmige Längsnut des Kastens a paßt und hinein= geschoben werden kann. Der verstärkte Kopf des Schiebers ist ebenfalls wie der Kasten mit einem nach oben vorspring= genden Anschlag=Knaggen d und einer Leiste c versehen. Der Schieber ist, ebenso wie der Kasten, der Länge nach durchbohrt und außerdem mit Gewinde versehen. Die er= wähnte, cirka 90 mm lange Schraube, welche einen runden geschlitzten Kopf hat, wird beim Gebrauch in die Längs= bohrung des Kastens hineingesteckt, so daß der runde Kopf sich in eine unterhalb d befindlichen Versenkung einlegt, während das mit Gewinde versehene Ende der Schraube in das bei g beginnende Gewindloch des Schiebers eingedreht wird, und zwar so weit, bis man den Apparat auf die jeweilige Größe beziehungsweise Länge der zu verwendenden Druck= platten auseinander= oder zusammenschieben kann. Hierauf legt man unter jede Längsseite der letzteren einen Apparat und zwar so, daß die Platte an den Leisten c anliegt, alsdann dreht man die Schraube soweit in den schwalbenschwanz= förmigen Teil b des Schiebers hinein, bis sich die Anschlag= Knaggen d über die abgeschrägten Enden der Platten gezogen und letztere also sicher gefaßt haben. Bei sehr breiten Platten wird in der Mitte ein ähnlicher Schließapparat untergesetzt, bei welchem die Anschlagleiste c natürlich fehlt.

Das Stereotypiren von Plakatbuchstaben.
Nach A. Jsermann in Hamburg.

Um gute Matrizen für die Vervielfältigung von Plakat-
buchstaben herzustellen, ist vor allen Dingen eins notwendig
und zwar sind dies die ganz genauen schrifthohen Ein-
fassungs-Linien, die den Gießrand, worauf der Winkel beim
Gießen aufliegt, bilden. Gerade diesen Linien wird aber
wie auch die Erfahrung so vielfältig gelehrt, von den meisten
Stereotypeuren so wenig Aufmerksamkeit geschenkt, sie werden
als etwas nebensächliches behandelt, während gerade sie es
sind, die, wenn ungenau, eine plane Fläche der gegossenen
Platte oder des gegossenen Buchstabens unmöglich machen.
Sind die Linien zu hoch, d. h. höher wie die Schrift und
sei es nur Viertelpetit, so wird sich der Rand beim Abformen
um soviel tiefer einsetzen. Legt man nun die Matrize zum
Abguß ins Instrument und den Gießwinkel darüber, so wird
der Rand überall fest aufliegen, die Schrift oder überhaupt
das zu Stereotypierende jedoch nicht, es wird sich Luft unter
der Matrize verfangen, die beim Guß irgend einen Ausweg
sucht; da aber der Winkel rund herum fest durch die eisernen
Platten des Gieß-Instrumentes geschlossen ist, so kann die
Luft nirgends entweichen und es müssen sich Beulen bilden
die oftmals nur sehr unbedeutend sind, immerhin aber ge-
nügen, um die Platten an der Oberfläche unegal zu machen,
ein Uebelstand, der sich weder durch Abrichten noch Abhobeln
der Platte heben läßt, der aber, bei einer ganzen Form
wiederholt, leicht einige Stunden mehr Zurichtung seitens
des Druckers bedingt. Sind umgekehrt die Einfassungs-
Linien zu niedrig, so wird die Matrize schon beim Einlegen
in das Gieß-Instrument, wenn der Gießwinkel übergelegt
ist, beulig, da der Winkel den Rand, der ja nicht fest aufliegen kann, weil die Linien zu niedrig waren, niederdrückt,

zugleich aber die Kanten der Matrize mit niederzieht. Beim Guß von Plakat=Buchstaben, besonders solcher, wo die Originale auf Holz genagelt sind, ist es erste Sorge des Stereotypeurs, genau zu untersuchen, ob auch alle auf ein= mal abzuformenden Buchstaben ganz gleiche Höhe und zwar die der Einfassungs=Linien haben. Ist eine Presse zur Hand so ist dies am leichtesten durch einen blinden Abdruck zu ersehen. Jeder Mangel ist dann durch Unterlegen mit Papier und dünnen Kartenspänen unter den Buchstaben auszu= gleichen. Sobald die Form ganz in Ordnung ist, bestreicht man die Oberfläche der Buchstaben ziemlich stark mit Öl nimmt dann eine genaue glatte Pappe von Viertel Cicero Dicke, legt dieselbe auf die Form und reibt mit einem abge= rundeten Falzbeine leicht über die ganze Form hin. Man erzielt dadurch einen Abdruck, aus dem man nun mit einem scharfen Messer die Figur der Buchstaben herausschneidet. Es bleibt natürlicherweise dann eine Art Schablone, die man jetzt auf die Form legt und hie und da, wo sie nicht bequem zwischen die Buchstaben und in die Punzen hineiin= paßt, durch Abschneiden und Abrunden nachhilft. Die Schablone muß ganz bequem zwischenliegen und noch einen Spielraum von wenigstens halbe Cicero haben. Die Ma= trizenpaste bereite man sich nicht zu weich. Ziemlich flüssige Masse; sechs Blatt Seidenpapier und als erste Unterlage ein Blatt geleimtes Schreibpapier, jedoch nicht zu starkes. Bevor man die Paste zum Abformen auflegt, nimmt man die Schablone wieder fort, reibt die Oberfläche der Buch= staben mit einem Läppchen oder mit einem Stückchen zu= sammengeballten Seidenpapier sauber ab, damit das vorher aufgetragene Öl entfernt, die Buchstaben rein und glatt werden und nur ein Fetthauch zurückbleibt.

Beim Einklopfen mit der Bürste gehe man vorsichtig zu Werke, damit hervortretende Ecken nicht durchgeschlagen werden. Man klopfe leise über die Form, bis sich die Paste

glatt um die Punzen und Kanten umgelegt und man die
Matrize bis auf den Grund eingetrieben hat. Bei nur
einiger Vorsicht wird dies leicht gelingen. Man glaube aber
nicht, daß sich dies Resultat durch einen Abzug in der Presse
erzielen läßt. Legt man bei einem solchen Abzug einen
Filz auf die Form, so wird der Druck das Papier an allen
Enden durchbrechen und man könnte im glücklichsten Falle
nur einen guten Abguß erzielen. Würde man mit harter
Auflage abdrucken, so würde sich die Matrizenmasse quetschen,
wodurch stumpfe Kanten resultiren, und doch keine Tiefe zu
erlangen sein. Bei der alleinigen Behandlung mit der
Bürste ist allerdings keine glatte Oberfläche zu erzielen, da
die Borsten die größeren Flächen rauh machen. Dies wird
jedoch dadurch paralysirt, daß man jetzt, nachdem die Matrize
die genügende Tiefe mit der Bürste erhalten hat, die Ober=
fläche der Buchstaben, d. h. die Rückseite der Matrize mit
einem runden Falzbein leicht polirt, d. h. vorsichtig glatt
reibt. Man muß hierbei natürlich sehr subtil zu Werke
gehen, damit man die feuchte Matrize nicht zusammenreibt, kann
dies aber leicht machen, wenn man das Falzbein ein wenig
fettig hält. Nachdem nun die ganze Form auf die bezeichnete
Weise übergerieben, legt man die Schablone vorsichtig in
alle Vertiefungen der Matrize ein. Man hat sich natürlich
in Acht zu nehmen, daß dieselben, wie schon oben erwähnt,
nicht zu groß sind, weil in diesem Falle die Matrize sich
von der Oberfläche der Buchstaben verziehen würde. Ist
alles sorgfältig eingelegt, so legt man einen starken, mit
Kleister bestrichenen Bogen leise auf die Matrize, doch
natürlich so vorsichtig, daß sich die Schablone nicht verrückt
und auf die Buchstaben, statt in die Zwischenräume, zu
liegen kommt. Die Bürste darf nun nicht mehr angewendet
werden, sondern man drückt mit den Händen den Bogen
fest, reibt nochmals mit dem Falzbein über die Oberfläche
und drückt mit den Fingern die Kanten der Buchstaben fest

an. So ist die Matrize zum Trocknen fertig. Ich habe gewöhnlich bei großen Schriften die Originale mit den Einfassungslinien in ein entsprechendes Zinkschiff gesetzt, fest ausgebunden und mit Stegen und Keilen im Schiffe festgeklemmt. Nachdem die Matrize fertig war, brauchte ich nur das Schiff auf die Trockenplatte zu setzen, und hatte dadurch einem Verschieben der Matrize oder einem Steigen einzelner Buchstaben sicher vorgebeugt. Auf Holz genagelten Originalien schadet die Hitze beim Trocknen durchaus nicht, weil sie eben durch die aufgenagelte Bleiplatte vor einem Verziehen und Springen bewahrt sind. Originale ganz von Holz sind natürlich vorsichtiger zu behandeln. Sie müssen an der Luft getrocknet werden, was selbstredend längere Zeit beansprucht, Die Matrizen müssen so lange auf der Trockenplatte liegen bis alle Feuchtigkeit ausgezogen ist und der aufgelegte Löschpapierbogen ganz trocken bleibt. Je größer und breiter die betreffenden Flächen der Buchstaben sind, desto sorgfältiger ist hierauf zu achten, da sonst doch noch schließlich Hohlheiten vorkommen könnten. War irgendwo das Bild des Buchstabens lädirt, was jetzt im Bild der Matrize erhöht erscheint so läßt sich dies ebenfalls durch Glattstreifen mit dem Falzbein in Ordnung bringen. Der Guß geschieht auf die gewöhnliche Weise, und man wird aus einer Matrize eine unbeschränkte Anzahl Abgüsse machen können, vorausgesetzt, daß man nicht zu heißes Metall vergießt und die Matrize verbrennt. Hat man beim Guß den Gießwinkel genau umgelegt, so bildet sich der Kegel der Buchstaben stets gleichmäßig, man ist dann nicht genötigt, erst jeden einzelnen Buchstaben zu messen, damit er Linie hält. Das Durchschneiden der zusammengegossenen Buchstaben ist eine Arbeit, die allerdings etwas Übung erfordert. Einhalb Petit zwischen die einzelnen Buchstaben genügt für den Sägenschnitt. Ich bediene mich einer englischen Säge (sogenannten Fuchsschwanz), und obgleich ich im Besitze einer guten Zirkelsäge mit Vor-

gelege bin, benutze ich doch lieber die Handsäge, weil die
Arbeit mit derselben weniger anstrengend ist (die Zirkelsäge
muß mit dem Fuße getreten werden) und auch schneller von
statten geht. Man kann nach einiger Übung so genau gerade
schneiden, daß man auf vierzig Cicero stets der Halbpetit=
linie mit der Säge folgt, wie mir alle diejenigen Herren
bezeugen können, die ihre Studien in einer Gießerei gemacht
haben.

Das Aufnageln der Schriften auf Holz geschieht in der
Weise, daß man sich vom Tischler lange Stege, genau nach
Höhe und Breite gehobelt, aus hartem Holze (secunda
Mahagony, sogenanntes Zuckerkistenholz) anfertigen läßt
Einen solchen Steg legt man auf eine gerade, feste Unter=
lage, klemmt ihn möglichst fest, damit er nicht von der Seite
weichen kann, und legt nun die vorher an beiden Seiten bis
an die Figur bestoßenen Buchstaben, die an entsprechender
Stelle eingebohrte Löcher erhielten, neben einander in geraden
Linien auf diesen Steg; man erkennt sofort, ob ein oder
der andere Buchstabe oben oder unten zu weit, oder nicht
genug abgehobelt ist, weil er dann nicht Linie hält, und
kann leicht nachbessern. Nun beginnt man das Aufnageln
beim ersten Buchstaben, indem man mit einem spitzen Pfriem
durch das im Blei vorhandene Loch ein solches in das Holz
drückt und dann alle Stifte erst leicht einschlägt. Dadurch
gewinnt der Buchstabe Halt; denn wenn man erst einen
Stift ganz einschlägt und mit dem Versenker festtreibt, so
wird es oftmals vorkommen, daß sich der Buchstabe dreht
und schief auf dem Holze zu sitzen kommt. Haben aber alle
Stifte gefaßt, so ist das Schiefdrängen nicht mehr möglich
und man kann nun die Stifte festklopfen und versenken.
Alsdann hält man eine Halbpetit=Reglette an den ersten
Buchstaben, schiebt den zweiten fest an die Reglette an und
wiederholt die Procedur; dasselbe geschieht mit den folgenden
Buchstaben, bis der ganze Steg gefüllt. Das Auseinander=

schneiden der Buchstaben muß mit einer Holzsäge und in einer Vorrichtung mit vorgezeichnetem Winkelschnitt geschehen, weil es einer langen Übung bedarf, aus freier Hand die ganze Kegelhöhe senkrecht durchzuschneiden. Es ist für Ungeübtere vorteilhafter, dies Auseinanderschneiden vom Tischler vornehmen zu lassen. — Die Matrizen werden trocken aufbewahrt. Tritt dann der Fall ein, daß eine oder mehrere Buchstaben einer Plakatschrift lädirt sind, so ist eine Ergänzung, oder Erneuerung derselben das Werk einer Viertelstunde und dabei mit wenig Kosten verbunden.

Haddans Verfahren.

Stereotyp-Platten beziehungsweise Matrizen, welche als Gußformen für Stereotyp-Druckplatten oder Stempel dienen sollen stellt H. J. Haddan in London nach seinem neuen Verfahren her, welches die Garantie bieten soll, daß die Eingravirungen durchweg in ein und derselben Ebene endigen, so daß nach dem Vollgießen der gravirten Form mit Typenmetall ein Relief entsteht, dessen Erhabenheiten alle eine gemeinschaftliche Ebene (Schriftebene) darbieten. Es wird dabei am besten eine ebene Glasplatte verwendet. Auf diese bringt man eine gleichmäßige Schicht einer Masse, die sich in trockenem Zustande leicht graviren läßt und geeignet ist, als Form für einen dichten Metallguß zu dienen. Die aufzutragende Schicht dieser Masse entspricht der Höhe, welche die betreffenden Hervorragungen der zu erzielenden Stereotyp-Platten haben sollen. Geeignet ist z. B. eine Mischung von 4 Gewichtsteilen fein geschlemmten fetten Lehm, 6 Gewichtsteile Schlemmkreide und ein Gewichtsteil feinen Gyps; für die härtesten Legirungen wird der Zusatz von Lehm etwas erhöht. Die trockenen Materialien werden mit Wasser zu einem Brei angemacht, aus dem man durch Walzen auf einer ebenen

Unterlage zwischen Leisten von der beabsichtigten Höhe dünne Platten formt. Diese Platten werden an der Luft getrocknet und dann gebrannt. Eine solche Platte wird nun mittels Cement oder Kitt auf eine Glasplatte befestigt und nachdem auch der Kitt vollständig erhärtet ist, die betreffende Figur in die leicht bearbeitbare Masse eingravirt und letztere dabei bis auf das Glas entfernt, so daß ein Negativ entsteht, dessen Grund überall von der Glasplatte gebildet wird.

Sind Buntdruck = Platten herzustellen, so nimmt man eine Anzahl übereinstimmender Zeichnungen und durch= löchert oder durchschneidet in jeder einzelnen derselben die= jenigen Stellen, welche einer und derselben Farbe ent= sprechen. Diese Zeichnungen werden durch Bestäuben auf die erwähnten Platten übertragen oder dienen, wenn aus= geschnitten, auch direkt dem Grabstichel als Führung. So stellt man die Matrizen für die Stereotypen sämtlicher Farben genau mit einander korrespondierend her. Die so erhaltenen Matrizen werden in gewöhnlichen Formkästen mit Sand eingeformt; dabei werden in der Gießform, in Verbindung mit der Form für das Gußstück, nach abwärts sich senkende und oben ausmündende verlorene Töpfe angebracht (welche zur Aufnahme des unreinen Metalls und zum Nachfüllen der Form beim Erkalten zur Vermeidung des Einsinkens dienen) und werden unter der Glasplatte Luftkanäle ange= bracht, die bis an das Glas reichen und die Luft aus den feinen Vertiefungen der Form ableiten, sobald das Metall eintritt. In diesem Moment nämlich zerspringt das Glas durch Berührung mit dem heißen Metall und läßt die Luft entweichen. Zur Beförderung dieses Zerspringens kann die Glasplatte auf ihrer Rückseite mit einem Diamanten in vielen unregelmäßigen sich kreuzenden Zügen geritzt sein. Mit beschriebener Methode erzielt der Erfinder Güsse von vollkommen ebener, glatter und blasenfreier Fläche.

Hughes' Verfahren.

M. J. Hughes in Nordamerika hat Proben eines neuen Stereotyp-Verfahrens geliefert, dessen Eigentümlichkeit darin besteht, daß beide Flächen einer Platte, Druckflächen sind. Es wäre dies so zu verstehen, daß z. B. bei einem Oktavbogen die Rückflächen der Platten den entsprechenden Widerdruck des Schöndruckes der entgegengesetzten Flächen enthalten und nur umgekehrt zu werden brauchen.

Merkwürdig ist das Verfahren des Befestigens dieser Platten auf den Schuhen: in die Ränder der Platten wird ein aus Papier und Baumwolle bestehender, etwas nachgiebiger Streifen eingelassen; wenn die Platte auf den Schuh gelegt ist, werden die Ränder herabgebogen und mittels eines Stiftchens an den Holzschuh befestigt; außerdem wird die Platte durch den Druck der Keile in ihrer Lage gehalten. Der Erfinder behauptet, daß seine Idee durchaus praktisch sei und seine Doppelstereotyp-Platten im Preise nur um ein Unbedeutendes höher zu stehen kämen, als die einseitigen.

Miller & Seaman'sche Verfahren.

Miller & Seaman in Crawford (im Staate Indiania Nordamerika) haben ein Verfahren ersonnen, vertiefte Stereotyp-Platten herzustellen, in welchen die Schrift auf dem Papier weiß erscheint, während der Grund in irgend einer beliebigen Farbe gedruckt wird. Die Erfinder bemerken dazu, daß die Platten zehn Minuten, nachdem der betreffende Text geschrieben, gußbereit waren. Die Schrift wird mit einer langsam trocknenden Flüssigkeit ausgeführt, auf welche dann so lange gewisse Chemikalien gestreut werden, bis die Schrift hoch genug ist, um einen vertieften Eindruck im Metall hervorzubringen, von welchem wiederum eine Matrize genommen und in dieser der Guß erfolgt; die gegossene Platte bedarf dann nur noch des gewöhn-

lichen Abrichtens um druckfertig zu sein. Die Herstellungs-
kosten einer solchen Platte übersteigen nicht $1\frac{1}{2}$ Dollars.
Das Verfahren soll so einfach sein, daß Jeder, der nur
einigermaßen Kenntnis von der Stereotypie besitzt, es in
wenigen Stunden erlernen kann.

Pepé's Verfahren.

Der Stereotypie-Faktor Pepé hat bei dem großen Londoner Tageblatt „Daily Telegraph" eine Verbesserung der
Papierstereotypie eingeführt, welche er sich patentiren ließ.
Nach diesem Verfahren werden die Matrizen mittels eines
rotierenden Apparates getrocknet, bei welchem heiße Luft
und Dampf zusammenwirken und können in demselben eine
oder mehrere Matrizen zu gleicher Zeit behandelt werden.
Die zum Trocknen erforderliche Zeit ist dieselbe, wie beim
alten System: ein Satz von zehn Platten wird von dem
Zeitpunkt an, wo die Formen an die Gießerei abgegeben
werden, in dreißig Minuten druckfertig geliefert. Die Pointe
der Verbesserung liegt hauptsächlich darin, daß die Schrift
keiner so intensiven Hitze unterworfen ist und sich nicht ausdehnen („wachsen") kann. Ein anderer Vorteil besteht darin,
daß der Stereotypeur die Formen immer unter seiner Auf-
sicht hat, entweder um eine Matrize von ihr abzunehmen
oder um einem Setzer noch nachträgliche Änderungen vornehmen zu lassen. Infolge des eigentümlichen Trockenver-
fahrens läuft eine große Zeitungskolumne um fünf Zeilen
in der Höhe und dem entsprechend in der Breite ein. Beim
Setzen wird dies insofern berücksichtigt, als die Kolumnen
in der Länge und Breite in diesem Verhältnis länger und
breiter gemacht werden. Für den in der Regel fünf Seiten
starken Inseratenteil des „Daily Telegraph" hat dieser Umstand den finanziellen Nutzen, daß ungefähr zwei Drittel
Seiten mehr Inserate in demselben Platz haben. Für die

Setzer hat das Verfahren noch die Annehmlichkeit, daß die Schrift nicht zusammenbäckt.

Dauermatrizen.

Bestes Dextrin und geschlemmte Kreide werden zu gleichen Teilen vermischt und das auf diese Weise gebildete Pulver durch ein feines Sieb gereinigt. Nach erfolgtem Sieben wird das Pulver in einen irdenen Behälter geschüttet, mit kaltem Wasser begossen und solange gerührt, bis es einen steifen, dicken Brei bildet, und gänzlich stückefrei ist. Dieser Brei erhält einen Boraxzusatz, welcher in lauwarmem Wasser aufgelöst ist. Der auch jetzt noch sehr steife Brei wird durch mäßigen Zusatz von Gummi arabicum bester Sorte verdünnt, bis er die Dichtigkeit frisch gekochter Walzenmasse angenommen hat. Zum Schlusse setzt man diesem Kleister aufgelöstes Zinkvitriol zu. Auf einen Liter Brei kommen fünf Gramm Borax und zwei Gramm Zinkvitriol. Vor der Kleisterbereitung mit wunden Händen muß dringend gewarnt werden. Die Matrize wird auf folgende Art bereitet: Ein Bogen leicht gefeuchtetes Handpapier empfängt durch einen feinborstigen breiten Pinsel eine Schicht dünn und gleichmäßig aufgetragenen Kleisters; auf diesen Bogen folgt ein solcher des dicken Stereotypie- oder Kupferdruckpapieres, nun wieder eine gleichmäßige Kleisterschicht und auf diese ein Bogen Seidenpapier, wieder Kleister und Seidenpapier und so fort, bis fünf Seidenblätter gleichmäßig und ohne Falten aufgezogen sind. Die nun fertige Matrizenpappe wird auf dem feuchten Seidenbogen mit Borax, auf Watte gestreut, eingepudert und dann mit einer Hasenpfote abgeputzt. Vor der unmittelbaren Verwendung bleibt die Matrizenpappe eine halbe Stunde liegen, damit sie gehörig durchzieht; alsdann gelangt sie mit der Seidenpapierfläche auf die Schrift. Die Bearbeitung geschieht hier wie bei dem alten Verfahren, nur ergibt sich bei glatten Schriftformen

— 85 —

der Vorteil, daß, wenn die Form mit doppeltem Filze bedeckt
ist, ein scharfer Druck unter der Presse genügt, um ein
stereotypiefähiges Bild in der überaus schmiegsamen Masse
hervorzubringen. Das Trocknen geschieht auf der Form mit
aufgelegten Flanellen und Fließpapiere auf diesem. Läßt
man die frische Matrizenpappe mäßig beschwert an der Luft
trocknen, so ist sie auch noch später zu gebrauchen, wobei sie
dann zwischen nassen Löschkartons längere Zeit durchgefeuchtet
wird; sie ist danach ebenso geschmeidig und bearbeitungs-
fähig, wie die frisch gefertigte. Die gebrauchte Matrize dagegen kann selbst an feuchten Orten aufbewahrt werden,
ohne anzuziehen oder an Schärfe zu verlieren.

Stereotyp-Platten mit Kobalt-Ueberzug.

Das Verfahren, die Stereotyp-Platten mit einer Kobalt-
schichte zu überziehen soll sich als äußerst vortheilhaft herausgestellt haben. Diese Metallschichte oxydiert nämlich nicht
und kann mit der größten Leichtigkeit durch schwache Säuren,
welche die Stereotyp-Platte nicht angreifen, wieder gelöst
und von der Platte entfernt werden, während man eine
Stahl- beziehungsweise Eisenschicht oder eine Nickelschicht, die
man neuerdings auch häufig anwendet, nicht so leicht von
einer Platte behufs Erneuerung entfernen kann, ohne dieselbe zu alterieren.

Der in dieser Beziehung als Autorität zu betrachtende
Professor Dr. Böttger in Frankfurt a. M. empfahl zum
Verkobalten eine Lösung von 40 Gramm krystallisiertem
Kobaltchlorür und 20 Gramm Chlorammonium in 100
Kubikcentimeter destillirtem Wasser nebst 200 Kubikcenti-
meter Salmiakgeist bei Anwendung zweier mäßig stark wirkender
Bunsen'scher Elemente.

A. Gaiffe, welcher in der Pariser-Akademie dem Verkobalten statt des Verstählens und Vernickelns von Stereotyp-
Platten das Wort geredet und den Vorzug gegeben hat,

verwendet als Bäder eine neutrale Lösung des Doppelsulfats von Kobalt und Ammoniak, welche bei Weitem nicht so viel Sorgfalt in Anspruch nimmt wie Nickelbäder. Die Anode kann aus Platinblech oder besser aus einer gegossenen Kobaltplatte bestehen. Das Kobalt verhält sich abweichend von Nickel und Eisen, welch letztere sich in reinem Zustande in ihren Bädern nicht auflösen. Um eine weiße, fest anhaftende Schrift zu erhalten, muß man den galvanischen Strom so regulieren, daß die Stromstärke im Umfang etwa sechs Einheiten (b. brit. Gesellsch.) beträgt, und wenn die ganze Oberfläche des zu übergehenden Gegenstandes weiß geworden ist, auf drei Einheiten vermindert wird. Bei einer passenden Stromstärke findet die Ablagerung des Kobalts fast ebenso schnell wie die des Nickels statt. In vier Stunden kann die abgelagerte Schicht die Stärke von 0.025 Millimeter erlangen. Will man eine sehr regelmäßige Ablagerung erzielen, so ist unumgänglich der mit Kobalt zu überziehende Gegenstand vor dem Eintauchen in das Bad mit der Leitung des Stromes in Verbindung zu setzen; andernfalls entstehen Flecke, die nur durch eine Wiederholung der ganzen Operation zu entfernen sind. Das Vernickeln geschieht in den Schuckert'schen Dynamoelektrischen Maschinen gewöhnlich binnen 20 Minuten.

Cylindrische Stereotyp-Platten.
Nach Alex. Waldow in Leipzig.

Die „Endlosen" drucken nicht von, auf flachen Fundamenten gebetteten Satzformen, sondern von gerundet gegossenen Stereotyp-Platten, die auf Cylinder befestigt werden. Die Güte des Druckes hängt erklärlicher Weise viel von der Schärfe der Platten und deren gleichmäßiger Stärke in ihrer ganzen Ausdehnung ab und kommt der exakte Guß derselben ganz besonders beim Zeitungsdruck in Betracht, da Zeit für die Zurichtung und Regulierung solcher Platten in der gewöhnlichen Weise häufig nicht zu erübrigen ist. Manche für diesen Zweck konstruirte Stereotyp-Apparate lassen in Bezug auf exakten Guß Vieles zu wünschen übrig, dagegen ist der Apparat der „Maschinenfabrik Augsburg" als der Beste bezeichnet. Die Platten lassen an Genauigkeit und Schärfe nichts zu wünschen übrig; ihre Bearbeitung auf der inneren Seite ist eine höchst einfache und genaue. Die schmalen, je in Abständen von $\frac{1}{2}$ bis $\frac{3}{4}$ Cmtr. stehenden Rippen, welche an den inneren Seiten angegossen sind, werden nicht eigentlich abgedreht oder gehobelt, sondern durch einen eigenen Apparat so zu sagen geschabt.

Die vollständige Einrichtung zum Guße cylindrischer Platten besteht aus folgenden Maschinen und Apparaten:

1. Rahmen, besonders konstruirt, zur Anfertigung der Matern;

2. Walzenpresse, zum Pressen der Matern;

3. Spindelpresse, zum Trocknen der Matern im gepreßtem Zustande;

4. Eisenteile zum Schmelzofen samt Trockenkanal;

5. Gießapparat, zum Gießen der Platten;

6. Zwei Kreissägen zum Abschneiden der Aufgüsse an den Platten;

7. Bohrapparat, zum Ausbohren der Platten;

8. Drehbank, zum Abdrehen, Hobeln und Gravieren der Platten.

Die Befestigung der Platten auf den betreffenden Cylindern der Maschine geschieht derart, daß die wie bei allen Stereotyp-Platten schräg bestoßenen Ränder in mit konischen Schlitzen versehene, mittels Schrauben zu befestigende Halter geschoben werden.

Wie es ja bei jeder, auf Solidität Anspruch erhebenden Arbeit der Fall sein muß, so ist auch hier die größte Sorgfalt auf die Anfertigung der Platten zu legen. Schon das

Schließen des Satzes kann, da immer mehrere Kolumnen, 2, 4 oder 8, zu einer Platte gehören und in Folge dessen, behufs Registermachens dieselben nicht einzeln, wie dies bei Formatmaschinen der Fall ist, verstellbar sind, nicht genau genug gemacht werden. — Die Schließvorrichtung muß eine außerordentlich korrekte und dabei doch einfache sein. Die Schließvorrichtung der „Maschinenfabrik Augsburg“ beispielsweise besteht aus einem schrifthohen Rahmen, der Größe des Gießapparates entsprechend, mit vier beweglichen Facetten=, zwei oder vier eisernen Bund=, zwei oder vier eisernen Kopf= und vier Keilstegen, wovon je zwei nebeneinander liegen und der nach außen liegenden, durch eine Schraube, welche in demselben läuft, seitlich verstellbar ist.

Um die Matrize leicht biegsam herzustellen, sodaß sie sich in dem halbrunden Gießapparat recht gleichmäßig auflegen läßt, nimmt man ein Blatt halbgeleimtes, kräftiges, aber stark gefeuchtetes Papier, streicht dieses mit einer aus 40 Neulot Weizenstärke, 12 Neulot Gummi und 3 Pfund ganz fein geriebener getrockneter Schlemmkreide (gelöst in ca. 3½ Liter Wasser, verbunden mit ¼ Liter Spiritus) bestehenden dünnen Masse schwach an, legt auf dieses nacheinander 6 bis 7 Blatt Seidenpapier, wovon das letzte unbestrichen bleibt. Diese Lage wird, indem man sie umdreht, mit dem oberen unbestrichenen Seidenblatt auf das Schriftbild gelegt und nun in mäßigen Schlägen mit einer harten, aber ganz dichten Bürste so lange geklopft, bis sich das Schriftbild überall genügend in die Papierlage eingesetzt hat. — Die dazu verwendete Bürste sei ohne Stiel, weil durch solche mit langem Stiel die Schläge zu wuchtig werden und man scharfe Gegenstände, wie Linien oder einzeln stehende Ziffern 2c., leicht durchschlägt und so die Matrize beschädigt. — Um der auf diese Weise abgeklopften Matrize mehr Halt zu geben, fügt man derselben, nachdem man zuvor die größeren freien Stellen mit ganz schwacher Pappe ausgelegt hat, noch zwei Blatt halbgeleimtes starkes Papier bei, wovon das erstere, gefeuchtete, ganz schwach mit Masse bestrichen und mit der flachen Hand angedrückt wird. Nach dem Abklopfen läßt man die Matrize zur Ausgleichung der etwa noch vorhandenen ungleichmäßigen Stellen durch einen ebenfalls von der Fabrik gelieferten Walzapparat, welcher genau gestellt werden muß, laufen. Hierauf wird die Matrize getrocknet und schließlich durch Ankleben des Aufgußblattes, sowie durch Einpinseln mit Talkstein gußfertig gemacht. Vor dem Gießen ist der Gießapparat gehörig zu erwärmen, dann ist zunächst darauf zu achten, daß die Matrize ganz gerade zwischen, respektive unter die im Gießapparat liegenden beweglichen, halbrunden Einlagen (sogenannten Halter) zu liegen kommt, ferner, daß der Zeug der stärkeren Abnutzung der Platten wegen ziemlich hart verwendet wird, aber seinen richtigen Wärmegrad erhält, damit die Matrize vollständig ausfließt und keine porösen Stellen entstehen. Auch muß der Zeug recht rasch eingegossen werden, damit die Platten am Kopfe gut ausfließen. Nach dem Gießen werden die Aufgüsse auf einer eigens zu diesem Zwecke konstruirten Kreissäge abgeschnitten. Um Kopf- und Fußsteg der Platten unter sich übereinstimmend zu machen, feilt man eine Vertiefung in eine der Seitenwände des Apparates, wodurch das Schriftbild markirt wird. Ist die Rotationsmaschine für mehrere Formate gebaut, so sind natürlicherweise so viele Vertiefungen einzufeilen, als unter sich abweichende Platten darauf geschnitten werden sollen.

Dem Abschneiden der Aufgüsse folgt das Ausbohren, oder richtiger gesagt, Ausschaben der Rippen. Da von dem genauen Aufliegen der Platte auf dem Formcylinder Alles abhängt, so ist dieser Manipulation die größte Aufmerksamkeit zu schenken und ist vor Allem der Schaber recht sorgfältig zu stellen. Ferner ist es empfehlenswert, den Schaber zweimal, indem man die Platte das zweite Mal umdreht, über die Rippen laufen zu lassen. Die folgende und letzte zur Anfertigung der Platten gehörige Arbeit ist das Ausdrehen der Bund=, Kopf= und Fußstege, was auf einer Drehbank mittels eines halbrunden Stahls mit leichter Mühe geschieht. Hiermit ist die Platte, falls dieselbe der Haltbarkeit wegen nicht noch verstählt werden soll, — ein bei großen Auflagen unerläßliches und zu dem leicht zu bewerkstelligendes Verfahren — fertig und wird, wenn alle Manipulationen in erwähnter Weise ausgeführt worden sind, einen guten Aussatz geben und sich leicht zurichten lassen. Noch sei erwähnt, daß Korrekturen, falls sie sich nur auf je eine Zeile, die mit der Länge je parallel läuft, beschränken, auch in diesen Platten gemacht werden können, nur erfordert ihre Ausführung, zu welcher man sich außer des Stichels noch eines Drillbohrers bedient, bedeutend mehr Zeit als in flachen Platten.

Nun einige Worte über das Zurichten. Wenn dasselbe auch fast ganz in derselben Weise wie auf Format=Maschinen gehandhabt wird, so kommen doch einzelne Abweichungen vor, welche, wenn nicht ganz korrekt ausgeführt, große Nachteile nach sich ziehen. Wie auf Formatmaschinen, läßt sich auch auf der Rotationsmaschine mit hartem oder weichem Aufzug drucken, doch ist der letztere dem ersteren der Schonung der Platten halber vorzuziehen. Nach allen bis jetzt angestellten Versuchen und gemachten Erfahrungen hat man gefunden, daß ein Aufzug aus zwei bis drei schwachen Kartonbogen mit darüber gespanntem dünnen aber dauerhaften Filztuch sich am Besten für Werkdruck eignet, während für gewöhnlichen Zeitungsdruck ein ganz dickes Filztuch mit darüber gezogenem Schmutztuch seinen Zweck am Besten erfüllt. Das Verfahren beim Zurichten ist kurz gefaßt Folgendes: Nachdem die beiden Druckcylinder ihre Aufzüge erhalten

haben, werden die halbrunden Platten zwischen den auf den
Formcylinder festliegenden Mittelstegen und den zu beiden
Seiten befindlichen Spannbacken eingeschoben und letztere,
welche seitlich verstellbar sind, durch in Schlitzlöchern laufende
Schrauben befestigt. Das Aufsteigen der Platten wird da=
durch unmöglich. Liegt eine oder die andere Platte hohl,
so ist dies Folge des nicht exakten Ausschabens der Rippen.
Nachdem sämtliche Platten auf den beiden Formcylindern
befestigt sind, wird das Papier durch Handbetrieb eingeführt,
die Papierrolle gut gebremst, dann werden die Walzen ange=
stellt und bei schnellem Gange, also mit Dampfbetrieb, cirka
20 Bogen behufs Registermachens gedruckt. Differenzen
können, wenn die Matrize richtig im Gießapparat gelegen hat
und die Platten genau abgeschnitten worden sind, nur in
ganz geringem Maße vorkommen und sind durch Einlegen
passender Gegenstände am Kopf=, Fuß= oder Mittelsteg oder
Abschneiden der Platten leicht zu beseitigen. Zeigen sich
Differenzen auf einer und derselben Form, so daß sämtliche
Kolumnen gleich weit nach oben oder unten überstehen, so
verstellt man nicht die einzelnen Platten, sondern der Kürze
halber gleich den oberen oder unteren sowohl rückwärts als
vorwärts verstellbaren Formcylinder. Ist das Register in
Ordnung und die richtige Druckstärke durch Senken oder
Heben der beiden Formcylinder hergestellt, so werden die Ab=
züge zum Zurichten gemacht. Sind aber auch die Platten
ganz sorgfältig angefertigt und ist der Aussatz als wirklich
tadellos zu bezeichnen, so zeigen sich im Druck doch immer
noch Ungleichmäßigkeiten, welche gründlich zu beseitigen die
Hauptaufgabe des Maschinenmeisters sein muß. Er darf
deshalb nur nach der Schattierung zurichten, und zwar so ge=
nau, daß schon mit dem zweiten Ausschnitt der Druck egal
wird. Dies gilt hauptsächlich aber für die Zurichtung des
oberen Druckcylinders, auf welchem der Wiederdruck ausge=
führt wird, denn jede durch mehrfaches Aufkleben herbeige=

führte erhabene Stelle macht sich auf dem Schöndruck, da derselbe ganz frisch über den oberen Druckcylinder läuft und auf das bloßliegende Drucktuch (Ölbogen kann man hier nicht verwenden) viel Farbe absetzt, stark bemerkbar.

Das Aufkleben der Ausschnitte auf die Druckcylinder geschieht auf sehr einfache Weise: Man entfernt das Druck=tuch, legt unter den oberen der darunter befindlichen Karton=bogen eine Lage Papier in der Stärke des eben entfernten Drucktuches, bedruckt dann diesen bloßgelegten Kartonbogen bei langsamem Gang, entfernt die darunter gelegte Papier=lage wieder und klebt die Ausschnitte auf. Ein anderes Verfahren, den Kartonbogen nach Entfernung des Drucktuchs behufs Aufklebens der Zurichtung zu bedrucken, ist folgen=des: Man senkt den oberen und hebt den unteren Formcylin=der, läßt, sobald dadurch der nötige Druck bewirkt worden ist, die Maschine langsam, also mit Handbetrieb, über den bloßgelegten Kartonbogen laufen und bringt hierauf die beiden Formcylinder wieder in ihre frühere Lage zurück. Daß durch das oftmalige und unsichere Stellen der Formcylinder viel Zeit verloren geht, bedarf keiner Er=wähnung, und schon aus diesem Grunde ist das erstere Verfahren, die Cylinder in unveränderter Lage zu lassen, diesem vorzuziehen. Durch das Unterlegen mit einer Lage Papier oder durch das Verstellen der Formcylinder kommt der Kartonbogen dem Plattencylinder näher zu liegen (bei kleinerem Cylinderumfang mehr, bei größerem weniger) und empfängt dadurch den Druck früher; es macht sich in Folge dessen notwendig, die Ausschnitte der Größe der Cylinder entsprechend weiter vor zu kleben. Zu erwähnen bleibt hier noch, daß die Differenz nach hinten zu immer bedeutender wird, sodaß, wenn der Ausschnitt beim ersten Satz ein bis zwei Millimeter vorgeklebt ist, derselbe beim zweiten schon drei bis vier Millimeter vorgeklebt werden muß. Will der Maschinenmeister beim Aufkleben ganz sicher zu Werke gehen,

so druckt er einige Bogen, um dem Papier die richtige
Spannung zu geben, bei schnellem Gange, markirt nach der
Schattirung des auf dem Druckcylinder liegenden bedruckten
Bogens durch Stiche mit einer starken Ahlspitze die äußeren
Punkte der einzelnen Kolumnen auf dem Kartonbogen, ent=
fernt das Drucktuch wieder und klebt nun, indem er den
Papieraufzug des unteren Druckcylinders ganz wegnimmt und
den des oberen auf ein zwischen dem letzteren und den
Feuchtwalzen schräg angelehntes Brett legt, seine Ausschnitte
genau nach den markirten Punkten auf. Nachdem der
zweite Ausschnitt aufgeklebt ist, läßt man Dampf in den
Feuchtapparat einströmen und druckt, sobald die Feuchtwalzen
den erforderlichen Grad von Feuchtigkeit haben, fort. Un=
gleichmäßigkeiten in der Zurichtung, welche sich während des
Fortdruckens zeigen, sind stets unter dem Drucktuch auszu=
gleichen. Wurde schon längere Zeit gedruckt, so ist das Tuch
des oberen Druckcylinders, welches des Ausbesserns der Zu=
richtung wegen entfernt werden muß, nicht wieder verwend=
bar, weil sich vom Schöndruck viel Farbe auf demselben ab=
setzt und dasselbe durch nochmaliges Aufziehen eine andere
Schattirung bekommt. Durch diese Verspannung trifft der
Schöndruck seine frühere Schattirung nicht wieder und wird
deshalb durch seine darauf abgesetzte Farbe verschmiert.
Das Tuch muß nunmehr durch ein neues ersetzt werden,
denn gebrauchte und gewaschene Tücher geben einen anderen
Aussatz und sind deshalb nur noch für den unteren Druck=
cylinder zu gebrauchen. Auch ist das Tuch des oberen Druck=
cylinders nach längerem Gebrauch, sobald sich auf dem
Schöndruck das Abschmieren bemerkbar macht und durch
Benzinwaschungen nicht mehr beseitigt werden kann, zu ent=
fernen und dafür ein neues aufzuziehen.

Klischees in Stereotyp-Platten.

Stereotyp-Platten mit eingossenen Zinkplatten.

Das Verfahren, wie geätzte Zinkplatten in Stereotyp-Platten eingegossen werden, ist Folgendes: Die geätzte ebene Zinkplatte wird auf ihrer unteren Seite verzinnt, d. h. durch Löten mit einem vollständigen Zinnüberzug versehen. Wenn gemeinschaftlich mit dem Bilde von der geätzten Zinkplatte auch Schriftsatz gedruckt werden soll, so wird letzterer, wie gewöhnlich, in den Stereotyp-Rahmen geschlossen; an Stelle des Bildes ist ein ebener Holzstock von der Höhe der Lettern und der äußeren Umgrenzung der Bildgröße entsprechend zur Ausfüllung des Raumes in den Satz eingefügt. Über diesen geschlossenen Satz mit schrifthohem Holzstock wird nun, ganz wie gewöhnlich, die Papiermatrize geschlagen, gepreßt und getrocknet. Der Schriftsatz giebt hierbei offenbar einen vertieften Abdruck der Lettern, während der Holzstock eine glatte, ebene Papierfläche liefert, von der Stärke der gepreßten Matrize und mit der äußeren Begrenzung, welche das Zinkbild besitzt.

Schreitet man zum Gießen der Stereotyp-Platte, und ist bereits die Papiermatrize wie gewöhnlich in den Gießapparat gebracht, so wird auf die glatte, durch den Holzstock erzeugte Fläche die verzinnte Zinkplatte mit der Bildseite nach unten gelegt und an den Seiten mit der Matrize verklebt, damit kein Metall hinter oder unter das Bild fließen kann. Der Gießapparat wird dann geschlossen und das Schriftmetall eingegossen. Dasselbe füllt die Eindrücke der Papiermatrize aus, welche die Lettern hervorgebracht haben, und bildet eine Kopie des Schriftsatzes. Gleichzeitig wird das auf der Zinkplatte aufgelötete, leichtflüssige Zinn durch das heiße Schriftmetall zum Schmelzen gebracht und verbindet sich so mit diesem innig derart, daß nach dem Erkalten die Zinkplatte mit dem aufgegossenen Schriftmetall ein Stück, d. h. eine Stereotpy-Platte mit Bild, umgeben von Schriftsatz, darstellt. Die so erzielten Stereotyp-Platten werden nun auf bekannte Weise fertig gemacht.

Galvanos in Stereotyp-Platten.

Um galvanische Klischees in Stereotyp-Platten anzubringen, verfährt man nach Woodcock folgendermaßen: Von der betreffenden Satzform, in welcher das galvanische Klischee angebracht werden soll, wird eine Matrize in der gewöhnlichen Weise entnommen. Alsdann wird der Teil der Matrize, in welchen das Klischee zu stehen kommt, ausgeschnitten, so daß das letztere genau hineinpaßt, Matrize und Klischee mit dem Bilde nach unten in die Gießflasche gebracht und das Stereotypen-Metall so hineingegossen, daß es über die Matrize und um das Kupferklischee herumfließt und auf diese Weise sich mit dem letzteren fest verbindet.

———

Unterdruckplatten.

Um sich billige und hübsche Unterdruck-Platten im Wege der Stereotypie verschaffen zu können, eignet sich das in jeder anständigen Papierhandlung käufliche, mit gleichmäßigem Muster gepreßte Papier ganz vortrefflich. Diese gepreßten Papiere in Oktav oder Quart derart beschnitten, daß eine schöne Zeichnung zu Geltung kommt, dienen als Matrize. Die einzige Schwierigkeit, welche sich beim Guß von doppelt kaschierten Blättern zeigt, besteht darin, daß die Platte hin und wieder kleine Beulen zeigte. Es dürfte indeß nicht schwierig sein, einen Buchbinder zu veranlassen, diese gepreßten Papiere mit besonders gleichmäßig bearbeiteten Stärkekleister auf festerem Papier zu kaschieren.

Andernteils könnte man die Buntpapierfabrikanten veran=
lassen, einige hübsche Muster auf schwerem Papier zu pressen.

Über „schwinden" und „wachsen" der Schrift.

Der bekannte Fachmann Herrn. Berthold in Berlin sagt in
Bezug auf das obige Thema folgendes: Es ist keine neue Er=
fahrung, daß Schriften, welche dauernd zur Papier=Stere=
otypie, besonders in Zeitungs=Druckereien, benutzt werden
müssen, im Kegel „schwinden", in der Höhe dagegen, jedoch
nicht gleichmäßig „wachsen". Von solcher Schrift hergestellte
Platten zeigen natürlich eine sehr unebene Bildfläche, da
zwischen den einzelnen stärker und schwächer ausgeprägten,
also höher und niedriger erscheinenden Buchstabenbildern
oft nicht unbedeutende Höhendifferenzen bestehen, was ungleich=
mäßiges Aussehen des Drucks, oder doch sehr erschwerte
Zurichtung im Gefolge haben muß. Die vorzeitige Ver=
werfung der noch nicht genügend abgenutzten Schriften und
bisweilen selbst das Umgießen des Ausschlußmaterials, wegen
zu stark ausgeartetem Kegel, sind fernere Folgen beregten
Übelstandes, der im Nachstehenden seine Erklärung und Ab=
hilfe finden dürfte.

Die zu stereotypierenden Formen werden in Eisenrahmen
geschlossen, dem Stereotyp=Verfahren unterworfen und dann,
um die darauf haftende Matrize zu trocknen, erhitzt. Diese
Erhitzung beträgt durchschnittlich 60 bis 80 Grad Reaumur
geht also bis zur Siedetemperatur des Wassers und bewirkt
folgerichtig eine bedeutende Ausdehnung des Metalls. Diese
Ausdehnung ist nun aber bei den eingeschlossenen Bleitypen
beinahe doppelt so groß, wie bei dem umschließenden Eisen=
rahmen, welcher also die naturgemäße Ausdehnung der Typen
hindert und sie zwingt, diese Ausdehnung teils, und zwar
zunächst, durch die Verdichtung der Metallstruktur, nach innen
zu suchen (da eine absolute Dichtigkeit beim Schriftguß nicht

erreicht werden kann), wodurch nach dem Wiedererkalten
der Kegel geschwunden sein muß, teils, wenn solche Verdichtung ihr Maximum erreicht hat, nach oben sich zu strecken,
wodurch notwendig die Höhe der Typen nach Maßgabe ihres
Volumens und ihrer größeren und geringeren Dichtigkeit
mehr oder weniger alteriert wird. Daß die auf solche Weise
sich ergebenden Differenzen durch stete Wiederholung der
Procedur in stets veränderter Zusammensetzung der Typen,
sehr bald sich vergrößern und bemerkbar werden müssen, liegt
auf der Hand.

Als einfaches und sicheres Mittel zur Abhilfe dürfte
es sich empfehlen, die zur Papier=Stereotypie nötigen Schließ=
rahmen ebenfalls aus Schriftmetall zu konstruieren und
so ein gleichmäßiges freies Ausdehnen aller Teile der Form
bei der Erwärmung, sowie ein gleichmäßiges Zusammenziehen
beim Erkalten zu ermöglichen. Es wäre dabei nur nötig,
dieselben mit Rücksicht auf die geringere Härte und Zähig=
keit des Metalls, besonders an den Ecken entsprechend breiter
zu machen und an die beiden inneren Seiten, an welchen
die Keile laufen, Eisenregletten von etwa ein Cicero Stärke
zu legen, um Beschädigungen des Körpers der Rahmen zu
verhüten. Schraubengänge könnten auch durch das Schrift=
metall gebohrt, nötigenfalls aber durch Einsetzen von Messing=
buchsen hergestellt werden, und schließlich wäre bei etwa
schnellerer Abnutzung dasselbe Metall leicht zur Herstellung
eines neuen Rahmens zu benutzen, den sich obendrein jeder
Stereotypeur in freien Stunden ohne große Mühe selbst herstellen könnte.

Es wäre indeß noch speciell darauf hinzuweisen, daß
Typen und Rahmen stets annähernd gleiche Temperatur
haben müssen, daß also ein und derselbe Rahmen zum
Schließen mehrerer Formen nur dann benutzt werden ann,
wenn entweder seine Temperatur seit dem letzten Gebrauch
entsprechend wieder gesunken, oder die darin zu schließende

7

Schrift mindestens bis zu seinem Wärmegrad gebracht
worden ist, weil sonst der gebrauchte, durch die Wärme
bereits ausgedehnte Rahmen mit der kälteren Schrift nahe
zu in demselben ungünstigen Verhältnis stehen würde, welches
oben beim Eisenrahmen gerügt wurde.

Über Stereotypie-Papiere.

Anlaß zu manchen Klagen geben dem praktisch-thätigen
Stereotypeur die verschiedenen Papiere, welche bei der Papier-
Stereotypie Verwendung finden. Diesen Klagen ein williges
Ohr schenkend, unternahm es die Firma Weber & Eichenberg in Hagen (Westfalen) vor Jahren, ihr Augenmerk auf
die Fabrikation von Stereotypie-Papieren zu richten. Daß
sich die bedeutendsten Stereotypeure und Buchdruckereien
Deutschlands, Hollands, Dänemarks, Schwedens, der Schweiz
u. A. dieser Papiere fortwährend bedienen, daß sich ferner
die Nachfrage nach diesem Produkt immer steigert, liefert
gewissermaßen den Beweis, daß das Material zu empfehlen
ist, was uns auch veranlaßte, hier im Interesse unserer
Branche etwas ausführlicher davon zu sprechen.

Es war im Jahre 1875 als die oben genannte Firma,
durch die Mängel der bestehenden Stereotypie-Papiere ver-
anlaßt, an die ersten Versuche und an die Fabrikation solcher
Papiere schritt. Zeit, Mühe und Geld brachten jedoch ein
Arbeits-Material zu Stande, dessen guter Ruf und gute
Zukunft im Jahre 1879 bereits durch die ganze in- und
ausländische Fachlitteratur ging. So schreibt das „Journal
für Buchdruckerkunst" vom 3. September 1879 beispielsweise
folgendes: Stereotypie-Papier, welches die Firma Weber &
Eichenberg aus reinen lang gemahlenen Hadern, ohne jeden
Zusatz von Surrogaten anfertigen läßt, ist uns vor einiger
Zeit zur Anstellung von Versuchen übersandt worden. Wir
haben dasselbe der Firma Otto Weisert, Schriftgießerei und

Stereotypie in Stuttgart, übergeben und um sorgfältige Prüfung gebeten, und es hat sich hierbei ergeben, daß, wenn uns die Fabrikanten geschrieben, „dieses Papier sei in Folge seiner langen Faser ungewöhnlich zäh, so daß es beim Abklopfen der feuchten Matrizen nicht reiße, gleichwohl aber erweise es sich zufolge seiner besonders vorsichtigen Verarbeitung und Trocknung außergewöhnlich geschmeidig und gebe tiefe und scharfe Abdrücke, besser als gewöhnliches Seidenpapier", diese Angabe wirklich und vollständig auf Wahrheit beruht. Bei keiner der damit hergestellten Matrizen hat die Masse das Papier durchdrungen oder sind Teile desselben auf der Form sitzen geblieben, und da es überdies zu einem billigen Preis verkauft wird, so dürfte es bei größerem Bekanntwerden wohl bald die verdiente allgemeine Aufnahme finden und die Stereotypeure werden der Firma Dank wissen, daß sie ihnen ein so zuverlässiges Arbeitsmaterial liefert. —

In diesem Sinne schrieben fast alle existirenden Fachschriften und erste Fachmänner des In= und Auslandes.

Gegenwärtig hält die Firma neun verschiedene Sorten von Stereotypie=Papieren auf Lager und zwar: zwei Sorten Seiden Stereotypie=Papiere, drei Sorten Stereotypie=Papiere (dünn und dick), drei Sorten Saugkarton (dünn, mittel und dick) und eine Sorte Wollentrockenpapier. Außer diesen Lagersorten fertigt auf Wunsch und größere Bestellung die Fabrik separate Formate u. s. w. an und versendet zu Versuchen auch kleinere Quantums der Lagersorten.

Die rührige Firma machte aber in neuester Zeit wieder einen Schritt weiter und trat mit „Kompletten Stereotypie= Papiermatrizen" und mit „Dreifach gummirten Deckbogen" an die Öffentlichkeit. Die „Stereotypie=Papiermatrize" in der Art eines starken aber weichen Kartons, wird in kaltes Wasser gelegt, wo sie sich nach wenigen Minuten vollständig erweicht. In diesem Zustande wird sie nun auf den vorher

7*

schwach eingeölten Schriftsatz oder auf den Holzstock oder das Klischee gelegt, mit einem feuchten Stück Leinwand von der Größe des Satzes bedeckt und die Schrift 2c. mit der Bürste gleichmäßig eingeschlagen. Dann wird die Leinwand vorsichtig von der Matrize abgelöst, die tiefliegenden Raumstellen werden mit Stückchen von gummirtem Deckbogenpapier ausgeklebt und der gummirte Deckbogen in der Größe des Satzes, nachdem seine gummirte Seite vorher angefeuchtet wurde, aufgeklebt. Schließlich wird das Ganze mit einer ungefähr einen Centimeter dicken Schicht Wollen = Trockenpapier bedeckt und unter die Trockenpresse geschoben. Die Trocknung der Matrize geht durch das Wollentrockenpapier schnell von Statten, hebt sich vom Satze leicht ab und ist, vorher mit Federweiß (Talkum) überbürstet, zum Guß fertig.

Durch die Schöpfung dieser „kompletten Stereotypie-Papiermatrizen" sollen selbstredend das Kleisterkochen und das Streichen und Kleben der Matrizen, durch das Wollentrockenpapier aber die kostspieligen Trockenfilze, überflüssig gemacht werden.

Kleister betreffend.

Die Schriftgießer J. H. Rust & Co. in Wien setzen dem Kleister statt Schlemmkreide oder Wiener=Weiß feingesiebte Terra d'India bei. — Crump in New-York setzt Asbest der Stärke zu und füllt die leeren Räume ebenfalls mit diesem Material aus. Die Matrizen sollen dadurch an Festigkeit sehr gewinnen. Es wird von ihnen gerühmt, daß sie sowohl größere Festigkeit besitzen wie die bisherigen, als auch größerer Hitze und stärkerem Drucke, ohne zu schwinden oder zu platzen, ausgesetzt werden können. Crump ließ sich auf dieses Verfahren ein Patent erteilen.

Ausfüllung der leeren Räume bei Matrizen.

H. Schlüter in Hannover teilt Folgendes mit: Beim
Stereotypieren von größeren Zeitungs=Kolumnen, vorzüglich
wenn dieselben nur Inserate mit Auszeichnungsschriften, oft
wahren Plakatschriften, und sogenannte Luftinserate enthalten
und in Folge dessen viele unbedruckt zu lassende Stellen
aufweisen, ist jedenfalls das Bürstenklopfverfahren dem Präge=
verfahren vorzuziehen, wegen der durch ersteres leichter zu
erzielenden stärkeren Prägung Ein Übelstand, mit welchem
bei derartigen Inseraten = Kolumnen zu kämpfen ist, wird
wol für Jedermann in dem großen Zeitaufwand bei der
Arbeit des Gravierens bestehen, da eine solche Kolumne
wenigstens 15—30 Minuten zu gravieren erfordert. Einer
meiner Stereotypeure, · (Wolters) hat nun selbstständig
ein Verfahren eingeschlagen, dessen Befolgung das Gravieren
vollständig unnötig macht, respektive auf ein Minimum be=
schränkt. Nachdem nämlich die Papiermater durch das Klopfen
hergestellt worden ist, werden die vertieften Stellen vor dem
Auflegen des Löschkartonbogens (des Deckbogens) mit gesiebter
Schlemmkreide überschüttet und dieselbe durch Darüberstreichen
mittelst eines Pappstreifens egalisirt und eingedrückt. Es ist
natürlich nur soviel Schlemmkreide zu verwenden, als zur
Füllung der Vertiefungen erforderlich ist und die überflüssige
zu entfernen.

Isermann in Hamburg giebt dem Verfahren, die Luft=
räume in den Schriftformen zwecks Herstellung von Papier=
matern mit Stückchen Pappe auszufüllen, vor dem Schlüter=
schen den Vorzug, weil es schnellerer und sicherer zu hand=
haben sei. Man solle nur nicht ängstlich bemüht sein, den
Pappstückchen genau die Größe des Luftraumes zu geben.
Wenn ringsherum ein Zwischenraum von cirka ein Cicero
bleibe, so schade dies nichts, weil das über die Matrize

fließende Metall das den Zwischenraum bedeckende Papier nicht einzudrücken vermag.

Trocknen von Matrizen.

Um die aus der Form und der Papiermarize entweichende Feuchtigkeit aufzusaugen und die Matrize rascher trocken zu machen, wird ein Filz zwischen diese und die Presse gelegt. Legt man indeß noch 7—8 Bogen Fließpapier zwischen Filz und Presse, so wird man finden, daß alle Feuchtigkeit rasch von diesem Papier angezogen und die Matrize in wesentlich kürzerer Zeit als nach den bisherigen Verfahren trocknen wird.

Der technische Leiter der „Daily-News-"Druckerei in London erzielt dadurch ein rascheres Trocknen der Matrizen, daß er sie nach der Abnahme von der Form auf eine durch Gas erhitzte Eisenplatte bringt, auf welche ein wenig weißer, sogenannter Silbersand ausgestreut ist. Das Verfahren, auf welches ein Zufall geführt hat, bewährt sich gut.

Das „Einfallen" bei Platten.

Die Erscheinung, daß bei Stereotyp-Platten an manchen Stellen die Schrift sich zu tief liegend zeigt kann ihren Grund haben in fehlerhafter Zusammensetzung des Metalls, in ungeeigneter Temperatur des einzugießenden Metalls oder in schlechter Dimensionirung der Platten. Sind letztere nämlich sehr stark oder haben namentlich dieselben auf ihrer Unterseite einzelne sehr dicke Rippen, so findet das Einfallen besonders leicht statt.

Gegen das Oxydieren.

Gegen das Oxydieren des Lettern-Metalls soll sich das Petroleum bereits ganz ausgezeichnet bewährt haben. Die

Kolumne wird in Petroleum eingetaucht, dann gut abge=
trocknet, einige Zeit auf Brettern in der freien Luft zum
Trocknen ausgesetzt und der gefährliche Zerstörer ist unschädlich
gemacht, wenn das Bild der Schrift nicht bereits angegriffen ist.

Der Oxydation bei Stereotyp=Platten wird ferner großer
Vorschub geleistet durch nicht genügend innige Vermischung
der Materialien des Letternmetalls (Zeug) beim Schmelz=
und Gießprozeß; durch Einschlagen in noch feuchtem Zustande,
durch ungenügendes Waschen nach dem Druck und nicht ge=
höriges Abspülen mit frischem Wasser; und ebenso sollen auch
verschiedene rote Farben, in einem speciell namhaft ge=
machten Falle Geranium=Rot, ja sogar schwarze Farben die
Oxydation schon während des Druckens in der Buchdruck=
Presse ungemein befördern.

Schutz der Matrizen vor Tieren.

Den Papiermatrizen, welche für späteren Gebrauch,
wie dies häufig bei größeren Verlagsfirmen der Fall ist,
aufgehoben werden, gehen besonders gern die Mäuse nach,
da der zum Zusammenkleben der einzelnen Blätter verwendete
Kleister ihnen reichen Nahrungsstoff bietet. Um ihnen das
durch Zernagen herbeigeführte Zerstören der Matrizen zu
verleiden, wird als wirksames Gegenmittel empfohlen, dem
Kleister eine Quantität irgend einer bitteren Substanz. z. B.
Pikrinsäure, hinzuzumischen. Die in dieser Weise behandelten
Matrizen bleiben in jeder Richtung von Tieren verschont.

Über den Gießwinkel.

Man kann beobachten, daß die wenigsten, praktischen
Stereotypeure den Gießwinkel, wie ihn die Erfinder der
neueren Apparate konstruieren, anwenden. Sie stellen nicht
allein den Winkel durch die Schraube n i c h t fest, sondern
finden besonders die Griffe an den Winkeln unbequem, ja

störend. So ließ sich ein er=
fahrener Stereotypeur einen aus
zwei Teilen bestehenden Winkel,
wie ihn die nebenstehende Zeich=
nung zeigt, anfertigen um den=
selben gegen den von der Fabrik
zum Apparat gelieferten umzutauschen. Diese Art der Gieß=
winkel kommt auch vielfach in England und Amerika vor.

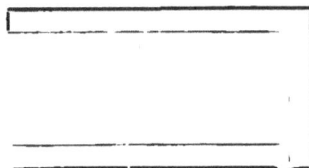

Über Öfen und Schmelzkessel.

Es ist bei jedem Schmelzofen vorteilhaft, eine soge=
nannte Haube anzubringen (siehe nächste Seite). Dieselbe hat den
Zweck, die Metalldämpfe durch ein Rohr in den Schlot ab=
zuführen, welche durch das Schmelzen entstehen. Der Ar=
beiter wird dadurch beschützt, die äußerst schädlichen Blei=
und sonstigen Dämpfe einatmen zu müssen.

Empfehlenswert ist ferner die Verkleidung der aufge=
mauerten Öfen mit schwachen Eisenplatten, die die Backsteine
fest zusammenhalten und das Verbröckeln derselben hintan=
halten.

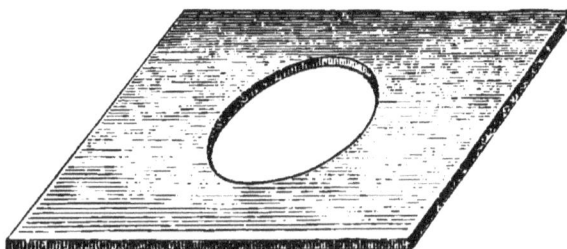

Kessel.　　Platte für den Kessel.

Von der Feuerung sei bemerkt, daß das Feuer um den
Kessel spülen muß. Es muß dies dem betreffenden Maurer
beim Bauen solcher Öfen, immer ausdrücklich anbefohlen
werden.

Der Kessel muß frei schweben und ist es empfehlens=
wert, denselben in eine gelochte starke Eisenplatte, die wie=

eine gewöhnliche Herdplatte am aufgemauerten Ofen ange=
bracht wird, einzufügen (siehe die beiden vorhergehenden
Abbildungen).

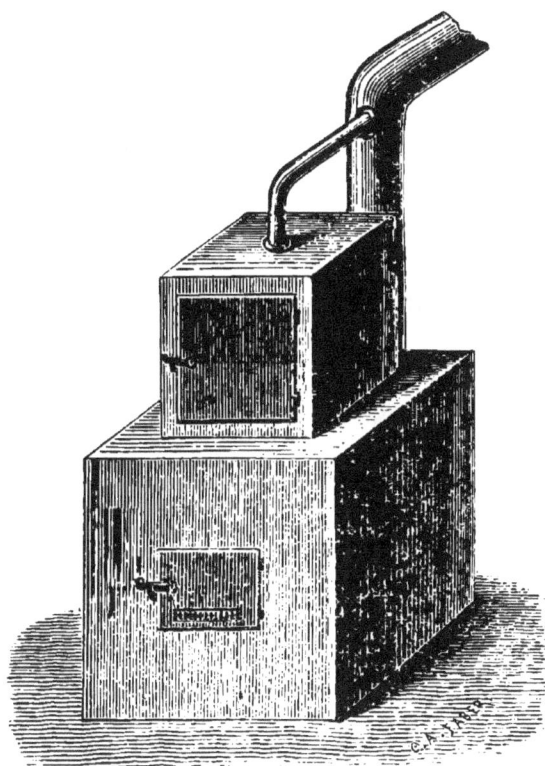

Schmelzofen mit Haube.

Einiges über Metalle.

Für die Volum=Veränderung der Metalle beim
Schmelzen und Gießen hat man bisher als allgemeine Regel
angenommen, daß die Flüssigkeiten, wenn sie in den festen
Aggregatzustand übergehen, sich zusammenziehen und mithin
die festen Stoffe bei der Temperatur des Schmelzpunktes ein
höheres spezifisches Gewicht haben müssen, als die durch
Schmelzen aus ihnen entstandene Flüssigkeit. Als be=
merkenswerte Ausnahme galt die Thatsache, daß das Eis

leichter als das Wasser ist, zu welcher sich noch die Beob=
achtung des Schwimmens des festen Gußeisens auf dem ge=
schmolzenen hinzugesellt. Genaue Untersuchungen von H. Nils
und A. Winkelmann haben nun Resultate geliefert, welche
dahin führen, als Regel über das Verhalten der Metalle im
Momente des Überganges aus dem flüssigen in den festen
Aggregatzustand den Satz aufzustellen: die Metalle dehnen
sich im Momente des Erstarrens aus, so daß das feste Me=
tall weniger dicht ist als das flüssige bei gleicher Temperatur.
Das erste Metall, welches der Untersuchung unterworfen
wurde, war das Zinn. Es wurde vorsichtig andauernd durch
seine ganze Masse auf seinem Schmelzpunkte (326,5°) er=
halten und es ergab sich, daß das feste Metall auf dem
flüssigen schwamm, und zwar nicht bloß beim vorsichtigen
Auflegen, sondern auch nach dem Untertauchen stieg das feste
Zinn rasch an die Oberfläche und ragte über diese hervor.
Das Verhältnis zwischen den spezifischen Gewichten im festen
und flüssigen Zustande konnte dadurch festgestellt werden,
daß ermittelt wurde, wie viel von schwerem Kupfer an einem
Stück Zinn befestigt werden mußte, damit der kombinirte
Körper weder Auftrieb zeigte, noch untersank: es ergab sich
das Verhältnis von 1:1,007, d. h. beim ersteren erfährt
das Zinn eine Volumenzunahme von 0,7 %. Diese Diffe=
renz ist fast ebenso groß, wie diejenige, welche zwischen den Dichten
des festen Zinns bei 0° und 100° besteht. — Das Blei liefert
kein so entschiedenes Resultat und ebenso Kadmium; Zink da=
gegen verhielt sich wie das Zinn, doch zeigte hier nur eine
Ausdehnung von 0,2 %. Beim Wismut ist der Fundamen=
talversuch des Schwimmens des festen auf dem flüssigen Me=
talle besonders leicht auszuführen, indem hier die Differenz
der Dichten am größten von den bisher untersuchten Fällen
ist. Das flüssige Wismut ist um mehr als 3 % dichter,
als das feste. Da auch Kadmium=Kupfer und Eisen ein
übereinstimmendes Resultat lieferten, von den acht unter=

suchten Fällen also sechs beim Übergang aus dem flüssigen
in den festen Zustand eine Ausdehnung zeigten, dürfte hier
die oben angegebene Regel aufgestellt werden. Es er=
scheint beachtenswert, daß gerade diejenigen Metalle, welche
kristallinisch erstarren, die Ausdehnung am stärksten zeigen.
Dieses Sichausdehnen der Metalle ist besonders für den
Schriftgießer und Stereotypeur wichtig, weil dadurch ein
besseres Ausfüllen der Gußformen, also auch die Er=
zielung eines schärferen Schriftbildes ermöglicht wird. —
Sobald irgend ein Metall erstarrt ist, wird es sich bei
weiterer Abkühlung wieder zusammenziehen, woher dann das
Saugen (Sacken) des Gußstückes kommt. —

Spence=Metall wird von Säuren in der Kälte fast gar
nicht angegriffen, so daß Spence = Klischees dem Oxydieren
bestens trotzen würden. Das Metall, welches ein specifisches
Gewicht von 3.2 besitzt, bildet eine feinkörnige, graue Masse
mit kleinen glänzenden Pünktchen; zeigt eine strahlig kristal=
linische Oberfläche; beginnt bei 120° Celsius zähflüssig, bei
160—170° dünnflüssig und über 170° wieder zähflüssig zu
werden und zeigt also ein ähnliches Verhalten wie Schwefel
beim Erhitzen; es hat etwa die Härte von gegossenem
Zink. Eine Analyse des Spence=Metall ergab folgende
Bestandteile: Schwefel 64.33. Eisen 26.78. Gangart
und Kieselsäure 5.84. Zink 2.64. Blei und Graphit fan=
den sich nicht darin vor. Der Preis des Spence-Metalls
beläuft sich auf 40 bis 50 Pfennige per Kilogramm. Da
der Schmelzpunkt dieses Metalles bei 170° Celsius liegt,
so können die Formen aus Metall, Gips, Papier und sogar
auch aus Gelatine sein. Indeß hat sich gegen die Ein=
führung dieses Metalles eine Stimme erhoben, die da sagt,
daß dasselbe vermöge seiner rauhen, niemals ein scharfes
und glattes Typenbild gebenden Oberfläche, für Stereotypen
nicht zu verwenden ist. Es kommt deshalb noch auf weitere
Versuche an.

Hartblei, welches zur Stereotypie und für andere Druckzwecke vielfache Verwendung findet, ist keineswegs reines Blei; es enthält namentlich viel Antimon und ist daher härter als chemisch reines Blei. Da nun die Zusammensetzung des Hartbleies einerseits schwierig zu ermitteln, und andererseits für seine Verwendungen keineswegs gleichgiltig ist, geben wir nachstehend das Resultat einer exakt ausgeführten Analyse des in der k. k. Hütte zu Przibram im Jahre 1880 erzeugten Hartbleies. In 100 Gewichtsteilen fanden sich: Antimon 18.082. Arsen 0.124. Zinn 0.393. Silber 0.006. Kupfer 0.159. Nickel 0.013. Eisen 0.019. Zink 0.009. Schwefel und Wismut: Spuren. Blei (Rest) 81.195. Zusammen 100.000. Das Hartblei der obengenannten Hütte enthielt also über 18% Antimon.

Die Legierung einer amerikanischen Metall-Komposition zum Klischieren ist folgende: Man nimmt 500 Teile Blei, 300 Teile Zinn und 200 Teile Kadmium. Diese Komposition ergiebt eine Masse, welche denselben Widerstand leistet, als eine mittelst Wismut gehärtete, aber minder kostspielig ist, als letztere. Da das Kadmium außerordentlich flüchtig ist, so muß man sich bei der Zusammenschmelzung in Acht nehmen, keinen höheren Hitzegrad als den eben nötigen, anzuwenden.

Über Legierungen und Löten.
Nach A. Krupp in Wien.
Allgemeine Eigenschaften der Legierungen.

Aus den Gesetzen der Chemie ergiebt sich, daß sich zwei Körper um so energischer verbinden, je unähnlicher sie in chemischer Beziehung sind, und finden wir bei den Legierungen der Metalle untereinander dasselbe Gesetz wieder.

Wir würden jedoch irren, wenn wir die Legierungen in allen Fällen als chemische Verbindungen auffassen wollten; manche Legierungen sind in der That chemische Verbindungen.

In manchen Fällen sehen wir aber, daß wir es bei den Legierungen auch thatsächlich mit Gemischen zu thun haben können und tritt dieser Fall meistens dann ein, wenn wir Metalle, die große chemische Ähnlichkeit zeigen, miteinander vereinigen; in diesem Falle zeigt die Legierung immer die Eigenschaften eines wahren Gemisches und walten die Eigenschaften jenes Metalles vor, welches in größerer Menge vorhanden ist.

Metalle, welche einander in chemischer Beziehung nahe stehen, zeigen Eigenschaften, welche so ziemlich die Mitte zwischen den Eigenschaften jener Körper halten, aus welchen sie dargestellt wurden, und kann man eine solche Legierung etwa mit der Mischung zweier Flüssigkeiten z. B. von Wasser und Weingeist, vergleichen; je mehr von dem einen Körper vorhanden ist, desto näher liegen die Eigenschaften des Gemisches den Eigenschaften dieses Körpers.

Der großen Verschiedenheit wegen ist es sehr schwierig, allgemein giltige Sätze für das Verhalten der verschiedenen Metalle zu einander aufzustellen, doch kann man die nachstehenden Sätze als allgemein giltige annehmen.

Die physikalischen Eigenschaften der Legierungen sind keineswegs das Mittel jener, welche die Metalle besitzen, aus welchen die Legierungen gebildet wurden; besonders werden die Farbe, die Härte, Dehnbarkeit, der Schmelzpunkt und die Dichte der Metalle bedeutend geändert, wenn man sie miteinander zusammenschmilzt.

Die Dehnbarkeit und Härte der Metalle erleidet beim Legieren derselben eine bedeutende Änderung; in der Regel nimmt die Dehnbarkeit ab und nimmt hierfür die Härte der Gemische, immer im Vergleiche mit den betreffenden Eigenschaften der Metalle, aus welchen die Legierung gebildet wurde, in hohem Grade zu. Manche Metalle verhalten sich in dieser Beziehung besonders ausgezeichnet und kommt z. B. dem Antimon in hohem Grade die Eigenschaft zu, die Metalle härter zu machen.

Die Legierungen schmelzen in der Regel bei einer Temperatur, welche niederer ist als jene, bei welcher der am schwersten schmelzbare Gemengteil der Legierung flüssig wird. Bei manchen Metallgemischen findet eine überraschend große Erniedrigung des Schmelzpunktes statt und kennen wir eine Anzahl von Legierungen, deren Schmelzpunkt viel tiefer liegt als der Siedepunkt des Wassers. Die Ursachen dieses außerordentlich niederen Schmelzpunktes liegen in bestimmten, hier zu weitführenden physikalischen Verhältnissen.

Die Dichte der Metalle schwankt immer innerhalb gewisser Grenzen (geschmiedete oder gewalzte Metalle haben in den meisten Fällen eine etwas größere Dichte, als solche welche gegossen wurden), doch betragen die Unterschiede, welche sich hier in der Dichte eines und desselben Metalles zeigen, immer nur Zehntelpercente. Die Legierungen zeigen aber keineswegs so geringe Abweichungen in der Dichte, sondern zeigt sich gerade in Bezug auf die Verschiedenheit in der Dichte eine sehr bedeutende Abweichung. Man findet Legierungen, deren Dichte größer ist, als sie dem Verhältnisse, in welchem die Metalle mit einander legiert wurden, entsprechend sein sollte, oder es tritt der entgegengesetzte Fall ein.

Wir haben schon das Beispiel gebraucht, daß man manche Legierungen mit einem Gemische aus zwei Flüssigkeiten betrachten kann, die sich in allen Verhältnissen vereinigen. Man weiß nun aus den Untersuchungen über die Mischungen zweier Flüssigkeiten, daß bei mancher derselben eine Verminderung des Volumens eintritt, und zeigt sich eine solche Verminderung des Rauminhaltes in bedeutendem Maße, wenn man z. B. starken Weingeist mit Wasser mengt; bei einigen Flüssigkeiten tritt hingegen eine Vergrößerung des Rauminhaltes der Mischung ein. Bei der Darstellung der Legierungen zeigen sich ganz ähnliche Verhältnisse und kennen wir Legierungen, welche ein größeres Volumen ein-

nehmen als die Volumina der Gemengteile ausmachen, oder
bei welchen eine Verminderung des Volumens zu beobachten
ist. Im ersten Falle wird sich offenbar eine geringere Dichte
der Legierung zeigen als im letzteren.

Unter den physikalischen Eigenschaften der Legierungen
ist auch noch besonders jene hervorzuheben, welche man mit
dem Namen der Zähigkeit bezeichnet. In der Regel wird
die Zähigkeit der Legierungen eine geringere sein als jene
der Metalle, aus welchen die Legierung zusammengesetzt ist;
seltener tritt das Gegenteil ein.

Lote im Allgemeinen.

Lote sind im vollsten Sinne des Wortes Legierungen
die zu einem ganz speciellen Zwecke dienen. Dieser Zweck
besteht darin, zwei Metallstücke, seien diese nun aus einem
homogenen Metalle oder aus einer Legierung angefertigt,
möglichst fest mit einander zu vereinigen. Wir können dem=
nach die Lote als ein metallisches Klebemittel bezeichnen,
welches zum Kleben von Metallen verwendet wird. Zu be=
achten ist, als Rechtfertigung des letzten Satzes: das Metall=
gemische, welches immer in flüssigem Zustande zwischen beide
Metallstücke gebracht werden muß, wirkt nicht bloß durch
eine Vergrößerung der Anhaftungskraft bindend auf die zu
vereinigenden Metallstücke, sondern auch im chemischen Sinne.
Trennt man nämlich den Zusammenhang zweier mit ein=
ander durch ein Lot verbundenen Metallstücke, so macht man
in allen Fällen bei genauer, chemischer und mikroskopischer Unter=
suchung die Wahrnehmung, daß jene Teile des Lotes, welche un=
mittelbar mit den Metallflächen in Berührung gebracht werden,
andere Eigenschaften zeigen als ene, welche mehr in der
Mitte lagen.

Sobald das geschmolzene Metallgemisch des Lotes mit
den vollkommen blanken Metallflächen, die vereinigt werden
sollen, in Berührung kommt, macht sich sogleich die wechsel=

seitige chemische Anziehung geltend: das Lot und die zu
lötenden Metalle wirken in der Weise auf einander, daß sich
eine Legierung der betreffenden Metalle bildet und hier=
durch eine feste Verbindung beider zu lötenden Metallstücke
bildet.

Aus dem eben Gesagten ergiebt sich, daß man als Lote
immer Metallgemische wählen soll, welche mit den zu lötenden
Metallen eine möglichst große chemische Verwandschaft haben;
je größer diese wechselseitige Verwandschaft ist, desto fester
werden auch die verbundenen Metalle zusammengehalten.

Es genügt demnach, wenn man eine sehr dünne Schichte
des Lotes zwischen die zu lötenden Metalle bringt, um sie
möglichst fest miteinander zu verbinden. Da in vielen
Fällen die Festigkeit des Lotes eine geringere ist als jene der
zu lötenden Metalle, so ergiebt sich hieraus schon von selbst,
daß die Lötung um so vollkommener sein wird, je dünner
die Schichte des Lotes ist.

Die Dichte dieser Schichte hängt von mehreren Um=
ständen ab; in erster Linie von der Beschaffenheit des Lotes
selbst; je dünnflüssiger dasselbe ist, desto leichter läßt sich
eine dünne Schichte des Lotes auf den Metallflächen auf=
tragen; die Dünnflüssigkeit wird aber bei solchen Metall=
kompositionen, die einen nieder liegenden Schmelzpunkt haben,
leichter zu erreichen sein als bei solchen, deren Schmelzpunkt
ein hoher ist. Man kann daher mit leicht schmelzbaren
Loten gewöhnlich weit leichter und schöner löten als mit
solchen, deren Schmelzpunkt ein hochliegender ist.

Ein Faktor, welcher auf die Beschaffenheit der Lötstelle
den größten Einfluß nimmt, ist die Geschicklichkeit des Ar=
beiters, welcher die Lötung auszuführen hat; je genauer
derselbe den Augenblick zu treffen weiß, in welchem das Lot
gerade die erforderliche Dünnflüssigkeit erlangt hat, desto
besser wird die Lötung ausfallen und desto fester werden
die Metallstücke aneinander haften. Eine dünne Lotschicht

trägt auch dazu bei, die Vereinigung der gelöteten Metallstücke möglichst genau zu bewirken.

Leicht schmelzbare Lote kommen in jenen Fällen zur Anwendung, in welchen es sich bloß um die Vereinigung zweier Metallstücke handelt, ohne daß hierbei die Anforderung gestellt wird, daß diese Gegenstände eine höhere Temperatur ertragen sollen; man nennt Lote, welche diesen Anforderungen entsprechen, gewöhnlich Weich- oder Schnellote, weil sie eine geringe Härte besitzen und schnell flüssig werden.

Behandlung der Lote und die Lötmittel.

Es ist bekannt, daß es nicht möglich ist, die Lote auf den Metallflächen haften zu machen, ohne die auf der Oberfläche der Metalle liegende Schichte von Oxyd oder Fett zu entfernen und das Metall blank zu legen. Die Lote haben bekanntlich nur zu reinem Metall Adhäsion. In der Praxis verwendet man eine größere Anzahl von Stoffen, welche diesen Zweck erfüllen. Gewöhnlich verwendet man verdünnte Mineralsäuren, um die zu lötenden Stellen vor dem Löten abzubeizen. Meistens ist es verdünnte Salzsäure, die man anwendet. Die Salzsäure kommt sowohl auf Zink, als auf Zinn und Schriftgießer-Zeug zur Anwendung. Bestreicht man die Stelle, auf welche das Lot aufgetragen werden soll, mit einem Pinsel, welcher in verdünnte Salzsäure getaucht wurde, so löst sich das Oxyd sehr rasch auf und breitet sich das aufgetragene geschmolzene Lot sogleich aus. Die Verbindung, welche durch Lösen des Zinkes in Salzsäure entsteht, ist aber bei der Hitze, welche der Lötkolben dem Metalle erteilt, flüchtig und entwickelt eine bedeutende Menge von Dämpfen, welche sowohl für die Lunge des Arbeiters schädlich sind, als auch das Metall der Lötkolben stark angreifen.

An Stelle der verdünnten Salzsäure kommt auch das Lötwasser zur Anwendung, welches man erhält, daß man eine gewisse Menge von Salzsäure in zwei gleiche Teile

8

teilt, den einen Teil mit Zinkstücken versetzt und so lange mit überschüssigem Zink in Berührung läßt, bis sich keine Gasentwicklung (Wasserstoffgas) mehr zeigt. Die andere Hälfte der Salzsäure wird mit kohlensaurem Ammoniak so lange versetzt, bis sich kein Aufbrausen, welches durch das Entweichen von Kohlensäure bedingt wird, mehr zeigt; die beiden Flüssigkeiten werden sodann mit einander vereinigt. An Stelle der mit kohlensaurem Ammoniak gesättigten Lösung der Salzsäure kann man unmittelbar eine Salmiaklösung anwenden, die durch Auflösen von Salmiak in Wasser dargestellt wird, und verwendet man gleiche Raumteile der Zinklösung und der Salmiaklösung.

Die Ausführung des Lötens: Man bedient sich für die gewöhnlichen Arbeiten der Lötkolben; das sind · kupferne, unten gespitzte Prismen, die an einem passenden Stiele befestigt und durch Erhitzen im Kohlenfeuer oder Gas bis auf den gehörigen Temperaturgrad gebracht werden. Der aus dem Feuer genommene Lötkolben wird zuerst durch Abwischen gereinigt und sodann meistens gegen ein Stück Salmiak gedrückt, um ihn von Oxyd zu befreien. Mit dem blanken Kolben wird nun das Stück von Lot bestrichen und die an dem Kolben haftenden Tropfen auf die zu lötende Fläche, gebracht.

An Stelle dieser Vorrichtungen hat man seit einiger Zeit andere gesetzt, welche der Hauptsache nach aus einem kleinen Gebläse bestehen, welches eine Gasflamme umlegt. Um mit diesen Apparaten zu löten, wird die blank gemachte Metallfläche mit dem pulverförmigen Lote bedeckt und letzteres durch Überfahren mit der heißen Spitzflamme zum Schmelzen gebracht.

In der Stereotypie bedient man sich durchwegs der einfachsten aller Schnell= oder Weichlote, des Zinns und zwar benützt man das reine Zinn, weil die Gegenwart fremder Metall: namentlich des Eisens, den Schmelzpunkt des Zinnes bedeutend erhöht. Das Zinn, welches als Lot dienen soll, wird gewöhnlich in Form von halbcylindrischen Stäben oder dünnen Prismen angewendet. Für sehr zarte Arbeiten, bei welchen man nur ganz geringe Mengen von Lot bedarf, wird auch die Zinnfolie mit Vorteil angewendet, da dieselbe aus sehr reinem Zinn besteht. Der Schmelzpunkt der Weich= lote liegt in der Regel zwischen 140 und 240 Grad.

Die Praktiker beurteilen die Güte eines Lotes allgemein nach dem Aussehen der Oberfläche der gegossenen Stücke und legen besonders Wert darauf, daß dieselbe strahlig= krystallinisch sei, sogenannte Blumen zeige, welche stärker glänzen müssen als der matte Grund, der mattirtem Silber gleicht. Bisweilen kommt es auch vor, daß das gegossene Lot eine gleichförmig grauweiße Farbe zeigt, und ist dies ein Beweis dafür, daß die Legierung eine zu geringe Menge von Zinn enthält. Beobachtet man diese Erscheinung an einem Lote, so ist es am besten, dasselbe gegen ein Zinn= reicheres auszutauschen.

Über Zurichtung und Druck in der Buchdruckpresse.

Der Druck von Stereotyp=Platten erfordert Sorg= falt. Man wird anstatt des Filzes einen dünnen Tuchüber= zug (Halb= oder Damentuch ist am geeignetsten) mit Vorteil verwenden. Da eine Stereotyp=Platte selten eine so ebene Oberfläche hat, wie eine Schriftkolumne, so würde man sich die ohnehin umständlichere Arbeit des Zurichtens nur er= schweren, wollte man für solche Formen einen harten Aufzug benutzen.

Bei der Zurichtung von Stereotyp=Formen findet das Unterlegen von unten ganz besonders vorteilhafte Anwen= dung, ja dasselbe ist hier sogar ganz unerläßlich; teils ist mangelhaftes und unegales Abdrehen oder Abhobeln der Platten Schuld, teils war das Verziehen der Matrize der

8*

Grund, daß die Oberfläche im Guß nicht vollkommen plan und eben wurde, somit an einzelnen Stellen weder von der Walze richtig getroffen und geschwärzt werden kann, noch auch auf den tiefer liegenden Stellen trotz aller Zurichtung den richtigen Druck des Tiegels beziehungsweise Cylinders empfängt. An solchen Platten zeigt sich ganz besonders häufig der Übelstand, daß die Seitenränder wie die Kolumnen= titel zu scharf kommen. Den gemachten Abzug nehmen wir zum Maßstab für die Zurichtung und beginnen zunächst mit der Regulierung u n t e r den Platten, zu diesem Zweck eine nach der anderen von ihren Unterlagen (Facettenstegen) lösend und sie in der erforderlichen Weise unterlegend. Wäre z. B. eine Platte an der rechten Seite um ein dünnes Papierblatt schwächer als an der linken, so wird ein dünnes Blatt unter die schwache Seite geklebt und ihr so die richtige Höhe gegeben; wäre die Differenz dagegen eine größere, betrüge sie beispielsweise die Stärke eines Kartenspanes, so klebt man am besten mehrere dünne Blätter über einander und zwar stets nur schräg wellenförmig eingerissen, damit die Unterlage verlaufend wirkt, nicht aber sich schroff auf den Abzug markiert, was unzweifelhaft geschehen würde, wenn man einen zu dicken Kartonstreifen glatt abschneidet und als Unterlage benutzt. Bei dem Unterlegen mit dünnen Papierblättern, welche man aufeinander legt, darf man aber auch wieder nicht zu weit gehen, denn eine zu große Zahl der Blättchen bilden eine so elastische Unterlage, daß sie wiederum einen guten Druck unmöglich machen. Es hat auch bei größeren Auflagen den Nachteil, daß bei öfterem Waschen der Formen die Papiermasse sich auflöst und an den Seiten heraustritt, was öfter zeitraubende Nachhilfe er= fordert. Es wird da von einem Fachblatte empfohlen, zur Unterlage dünn gewalzte Blei=Platten zu nehmen, welche auch dem Druck weniger nachgeben. Derlei Bleiunterlagen können öfter gebraucht werden und wenn die Stückchen zu

klein sind, wieder umgegossen und gewalzt neuerdings in Ver=
wendung kommen. Die Erfahrung müßte wohl den prak=
tischen Wert erst lehren. Häufig sind es aber nicht die
Ränder der Platten, welche zu schwach kommen, sondern
es befinden sich schwächere Stellen in den anderen Teilen
derselben; auch diese müssen sorgfältig unterlegt und so zum
scharfen Drucken gebracht werden. Sind sämmtliche Platten
auf diese Weise reguliert worden, so beginnt man mit der
eigentlichen Zurichtung von oben. Das Verfahren ist in
diesem Falle ganz dasselbe, wie beim Schriftsatz.

Gute Platten halten bei sorgsamer Behandlung 60—70.000
und noch mehr Abdrücke aus; schlechte manchmal kaum 10.000.
Selbst die besten Platten können bei unverständiger Behandlung
nach wenigen Abdrücken ruiniert sein.

Einiges über Einrichtung von Werkstätten.

Dem freundlichen Entgegenkommen des Hauses A. Hogen=
forst in Leipzig, Special=Geschäft für den Bau von Stereo=
typie=Einrichtungen, verdanken wir es, eine, für den Fach=
mann wie für den Laien gleich interessante und wertvolle
Zusammenstellung von Maschinen und Utensilien unserer
Branche, durch Abbildungen unterstützt, bringen zu können.
An diese Abhandlung angeschlossen findet auch der Leser
einige Zusammenstellungen von Stereotypie=Einrichtungen, die
für die Fälle, wo Bestellungen gemacht werden sollen, einen
Überblick gewähren. Nachdem jedoch, wie allgemein bekannt,
jede Ware ihre Preise wechselt, wird es empfehlenswert sein
sich stets mit dem Lieferanten ins Einvernehmen zu setzen,
sobald es sich um ernstliche Bestellung handelt. Hier sollte
mit der Preisangabe nur ein Anhaltspunkt geboten werden.

Einfache Trockenpresse.

Die Erwärmung der Presse kann durch Herdfeuerung
Dampf= oder Gasheizung geschehen. Wo Dampf vorhanden

und die Zuleitung desselben nicht mit großen Schwierigkeiten
verbunden, ist dessen Verwendung zur Heizung die jedenfalls
empfehlenswerteste, weil dadurch die schnellste, konstanteste
und auch reinlichste Erwärmung erzielt wird. Das Funda=
ment der für Dampfheizung eingerichteten Presse ist aus einem
Stücke hohl gegossen und die Führungssäulen stehen außer=
halb des Dampfraumes. Will man sich zur Aufstellung
der Presse nicht des meist gebräuchlichen Holzbockes bedienen,
sondern ihr eine festere Basis geben, so empfiehlt sich ein
gußeisernes Fußgestell. Ist die Dampfheizung nicht zulässig,
so läßt man unter der Presse einen Herd aus Backsteinen
aufmauern, der mit Kohlen oder Coaks geheizt wird. Nur
dann, wenn aus lokalen oder anderen Gründen keine der
beiden vorgenannten Heizungsmethoden statthaft ist, sollte
man zur Gasheizung greifen, welche die kostspieligste ist und

zur Erzeugung einer gleichmäßigen Erwärmung die besondere
Aufmerksamkeit des Arbeiters erforderlich macht, ohne welche
eine Überheizung und zu starke Erwärmung der Schriftform
leicht eintreten kann. Zur Heizung bedient man sich einer,
mit dem nächsten Gashahn durch einen Schlauch zu verbin=
denden Heizgabel.

Trockenpresse mit Platte für Dampfheizung.

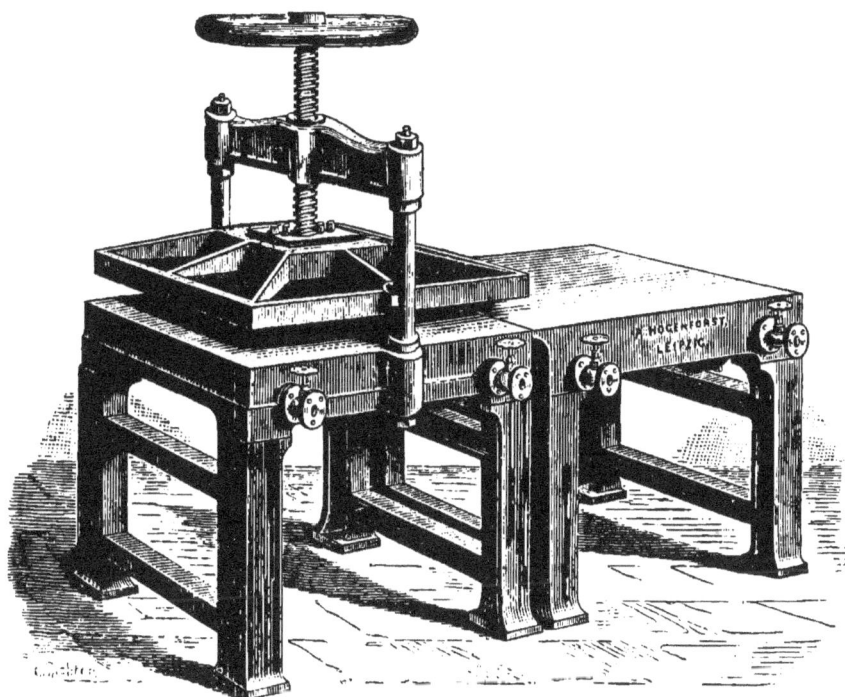

Für Zeitungsstereotypien und dauernd beschäftigte Werk=
stereotypien, denen zur Heizung der Presse Dampf zu Gebote
steht, ist es vorteilhaft und empfehlenswert, statt des vorhin be=
schriebenen großen Trockenapparats, neben der Presse eine
gleichfalls mit Dampf heizbare Trockenplatte aufzustellen, und
dann den Ofen isolirt aufzumauern. — Die Platte kann je

nach Bedarf warm oder kalt benutzt werden, und die Dampf=
heizung bietet hier auch vor dem großen Trockenapparat den
Vorzug der schnelleren und konstanteren Erwärmung, wie
der größeren Reinlichkeit. — Das Fundament der Presse wie
die Trockenplatte sind in einem Stücke hohl gegossen und
beide ruhen auf einem starken gußeisernem Fußgestell.

Großer Trockenapparat mit Schmelzofen.

Bei der Stereotypie von täglich erscheinenden Zeitungen
ist die dafür vorhandene Zeit stets sehr kurz bemessen und
müssen daher alle, das Verfahren beschleunigenden Mittel be=
nutzt werden. — Nachstehender Apparat dient namentlich zur
beschleunigten Anfertigung der Matrizen. — Das Fundament
der Presse ist bis zum Schmelzofen verlängert und wird
durch dessen Feuerung erwärmt. — Dem Arbeiter steht da=
durch zwischen Pressentiegel und Ofen eine heiße Platte
zur Verfügung, welche zum Vorwärmen der Form, Nach=
trocknen der Matrize und Trocknen der Filze dient. — Die
Erwärmung des Fundaments kann durch eine hinter der
Feuerung liegende und mit dem vorn sichtbaren Griffe ver=
sehene Klappe regulirt werden. — Um den sich innerhalb
des Fundamentes ansammelnden Ruß leicht auskehren zu können,
ist dasselbe mit mehreren leicht zu öffnenden Rußklappen
versehen. — Presse und Fundament stehen auf eisernen Füßen.
Der angegossene viereckige Rand des Schmelzkessels bedeckt die
ganze Fläche des darunter aufzumauernden Herdes, welcher
ringsum mit gußeisernen Platten bekleidet ist, wodurch ein
Zerbröckeln der durch die starke Hitze leicht zerstörbaren Back=
steine vermieden wird. Bei Ankauf eines solchen Apparates
muß die Fundamentlänge angegeben werden, weil dieselbe
meistens von der vorhandenen Lokalität bedingt wird. —
Bei Bestellung ist ferner zu bemerken, ob die Presse rechts
oder links vom Ofen stehen, und ob die Feuerungsthür sich
an dessen Stirnseite oder an der Arbeitsseite befinden soll.

Großer Trockenapparat mit Schmelzofen.

Aufgieß=Instrument
neuer verbesserter Konstruction.

Das Aufgieß=Instrument dient zum Aufgießen eines schrift=
hohen Hohlfußes auf kleinere Stereotyp=Platten und Galvanos,
welche mangels desselben auf Holzfuß aufgenagelt werden
müssen. Vor dem Gebrauche muß das Instrument stark er=
wärmt und die aufzugießende Platte mit dem Stichel an
mehreren Stellen der Rückseite angeschlagen werden, damit
das flüssige Metall sich mit derselben fest verbinden kann. —
Alsdann legt man die Platte mit der Bildfläche nach unten,
zwischen die verstellbaren Winkel, legt die passenden Hohl=
fußeinlagen ein und schließt darüber den Deckel. — Das
flüssige Metall wird dann bei dem oben sichtbaren Mund=
stücke eingegossen. — Die Winkel und Anlagsstücke müssen
genau nach der Schrifthöhe des Bestellers angefertigt werden.

Kreissäge mit Bestoßzeug.

Die Anschaffung dieser Säge empfiehlt sich für Anlagen,
bei welchen die größte Raumersparnis bedingt ist. Die

Tischgröße ohne Hobelbahn beträgt 560—650 mm, die Länge
der Hobelbahn 660 mm. (Siehe anschließende Abbildung).

Gieß=Instrument.

Diese von A. Hogenforst in Leipzig eingeführte Kon=
struction des Gieß=Instrumentes bietet die möglichsten Vorteile
für dessen bequeme und sichere Handhabung. — Die Ab=
bildung zeigt dasselbe in gußfertiger Stellung. — Soll es
geöffnet werden, so bringt man es in horinzontale Lage,
wobei es sich durch Einschnappen in die rechts stehende starke
Feder fest auflegt. — Nach Öffnung der Traverse hebt man
dann den Deckel in die Höhe und legt ihn an die an der
Unterplatte befestigte Verlängerung an. — Beide Platten

sind stark verrippt und kann ein Verziehen derselben bei rationeller Behandlung nicht vorkommen. — Die innere Fläche derselben ist sorgfältig gearbeitet, so daß ein stets gleichmäßig starker Guß erzielt wird. Die Oberplatte bewegt sich in einem offenen Lager, und können daher nach Belieben und ohne jede Verstellung schwache oder schrifthohe Gießwinkel eingelegt werden. — Auf Verlangen kann auch

das Instrument mit Einrichtung für Gasheizung versehen werden, wodurch das Vorwärmen beschleunigt wird. — Mit dieser Einrichtung versehene Instrumente können auch als Trockenpresse benutzt werden. — Für den Guß schrifthoher Platten mit Hohlfuß für feststehendes Format existirt zu dem

Instrument eine zweite Oberplatte, welche mit einem ange=
gossenen würfeligen und exact gehobeltem Ansatz versehen ist.
Diese Platte kann sehr leicht und schnell gegen die glatte
Oberplatte ausgewechselt werden, und hat sich diese Ein=
richtung namentlich für den schrifthohen Guß von Zeitungs=
kolumnen praktisch bewährt.

Kreissäge.

Die Maschine ist ganz von Eisen ausgeführt und von
besonders kräftiger und stabiler Konstruction. — Der Tisch
läßt sich nach hinten aufklappen, so daß man bequem zum
Sägeblatt gelangen und ihn auch schräg stellen kann. — Die
Sägewelle ist von Gußstahl gefertigt und läuft in besonders
geformten Stahlspitzen, wodurch die Friktion auf ein Minimum
reduziert ist; der Gang ist ein äußerst leichter und erfordert

für Fußbetrieb einen nur sehr geringen Kraftaufwand. — Die Einrichtung für Kraftbetrieb ist daher nur dann empfehlenswert, wenn die Säge sehr stark beschäftigt ist oder bei Zeitungsstereotypie schrifthohe Platten zu bearbeiten sind.

Bestoßzeug
mit einem Gerad= und einem Facettenhobel.

Hobelmaschine.

Diese Maschine hobelt mit sehr geringem Kraftaufwande auf Hohlfuß gegossene Platten genau auf Schrifthöhe, und ist für Zeitungsstereotypien, welche von schrifthohen Platten drucken, fast unentbehrlich. — Um das Messer sicher und schnell auf Schrifthöhe stellen zu können, wird von der Fabrik ein auf die betreffende Höhe gearbeitetes Klötzchen beigegeben. — Das Hobeln geschieht in kürzester Zeit, indem man die Platte an die Tischanlage legt, mit der Hand vorn und hinten leicht niederdrückt und mittelst des Schwungrades den Tisch unter dem Messer durchzieht. (Siehe die Abbildung auf der nächsten Seite).

Zusammenstellung einiger Einrichtungen von verschiedenem Umfange.

Kleinste Einrichtung für Gasheizung.

1 Gieß=Instrument für Gasheizung einge=richtet, gleichzeitig als Trockenpresse zu benutzen .ℳ 260.—
1 Schließrahmen dazu, lichte Weite 360—490 mm „ 33.—
1 Cicero=Gießwinkel mit Parallelstellung . . . „ 54.—
1 Bestoßzeug mit 2 Hobeln . . . . „ 100.—
1 kleiner Schmelzkessel auf eisernem Fußgestell, für Gasheizung eingerichtet, mit Gießlöffel . „ 60.—
Circa 5 Kilo schrifthohe Bahnen . . . . . „ 18.—

übertrag ℳ 525.—

1 Klopfbürste . . . . „ 7.—
6 Stichel . . . . „ 3.50
1 Kleistersieb . . . . „ 2.75
1 Kleisterpinsel . . . . „ 1.75
1 Tafel Trockenfilz . . . . „ 6·—

Summa 𝓜 546. —

Einfache Einrichtung für Werk=Stereotypie.

1 Trockenpresse für Herdfeuerung . . . . . 𝓜 220.—
1 großer und 1 kleiner Schließrahmen . . „ 56.—
1 Schmelzkessel für Herdfeuerung . . . . . „ 25.—
   (oder 1 transportabler eiserner Schmelzofen
      à 𝓜 65.—)
1 Gieß=Instrument . . . . „ 235.—
1 Cicero=Gießwinkel mit Parallelstellung . . „ 54.—
1 Bestoßzeug mit 2 Hobeln . . . . . . „ 100.—
10 Kilo schrifthohe Bahnen . . . . „ 35.—
1 Klopfbürste ohne Stiel . . . . „ 7.—
6 Stichel . . . . „ 3.50
1 Kleistersieb . . . . „ 2.75
1 Kleisterpinsel . . . . „ 1.75
1 Gießlöffel . . . . „ 3.50
1 Krätzlöffel . . . . „ 4.50
2 Tafeln Trockenfilz . . . . „ 12.—

Summa 𝓜 760.—

Komplette Einrichtung für Werk=Stereotypie.

1 Trockenpresse für Dampfheizung . . . 𝓜 360.—
1 eisernes Fußgestell dazu . . . . . . „ 35.—
1 großer und 1 kleiner Schließrahmen . . „ 62.—
1 Schmelzkessel mit vierseitiger Herdbekleidung
   und Armatur . . . . . , . . „ 125.—
   (oder 1 transportabler eiserner Schmelzofen
      à 𝓜 65.—)   Übertrag 𝓜 582.—

	Vortrag	ℳ	582.—
1 Gieß=Instrument		„	235.—
1 Cicero=Gießwinkel mit Parallelstellung		„	54.—
1 Kreissäge für Fußbetrieb		„	300.—
1 Bestoßzeug mit 2 Hobeln		„	100.—
1 Schließplatte		„	50.—
10 Kilo schrifthohe Bahnen		„	35.—
1 Gießlöffel		„	3.50
1 Krätzlöffel		„	4.50
1 Klopfbürste ohne Stiel		„	7.—
6 Stichel		„	3.50
1 Kleistersieb		„	2.75
1 Kleisterpinsel		„	1.75
2 Tafeln Trockenfilz		„	12.—
	Summa	ℳ	1391.—

Stereotypie=Einrichtung

für die Druckerei einer Zeitung mittleren Formates.

1 Trockenpresse mit anstoßender Trockenplatte für Dampfheizung eingerichtet, auf eisernem Fußgestell	ℳ	595.—
4 Schließrahmen, je nach Größe . . . cirka.	„	160.—
1 Schmelzkessel mit vierseitiger eiserner Herdbekleidung und Armatur	„	125.—
1 Gieß=Instrument	„	300.—
1 zweite Oberplatte zum Gieß=Instrument mit würfelförmig gehobeltem Hohlfußansatz cirka	„	150.—
1 Cicero-Gießwinkel mit Parallelstellung	„	80.—
1 schrifthoher „ „ „	„	80.—
1 Bestoßzeug mit 2 Hobeln	„	125.—
1 Hobelmaschine	„	700.—
1 Kreissäge für Fußbetrieb mit großem Tisch 650—700 mm und 2 Sägeblättern	„	310.—
	Übertrag ℳ	2625.—

1 Aufgieß-Instrument	„ 250. —
1 Schließplatte	„ 50.—
1 Matrizenwalze von Eisen	„ 35.—
1 Gießlöffel	„ 3.50
1 Krätzlöffel	„ 4.50
1 große Gießkelle mit 2 Griffen	„ 36.—
20 Kilo schrifthohe Bahnen	„ 70.—
12 Stichel	„ 7.—
2 Klopfbürsten	„ 14.—
1 Kleistersieb	„ 2.75
1 Kleisterpinsel	„ 1.75
4 Tafeln Trockenfilz	„ 24.—

Summa ₱ 3123.50

Diverse Utensilien

Klopfbürste ohne Stiel	₱ 7.—
Gießlöffel mit Stiel	„ 3.50
Krätzlöffel mit Stiel	„ 4.50
Große Gießkelle mit 2 Griffen	„ 36.—
Kleistersieb	„ 2.75
Kleisterpinsel	„ 1.75
6 diverse Stichel mit Heft	„ 3.50
Schrifthohe Bleistege mit Facette in Bahnen, 4 Cicero stark . . . . . . .per Kilo	„ 3.50
Trockenfilze in Tafeln, cirka 55—115 cm . .	„ 6.—
Schließplatte 600—750 mm	„ 50.—

Anhang zum Capitel über Einrichtung.

Ein lichtes Lokal mit gehöriger Ventilation, damit die beim Trocknen der Matrizen, beim Schmelzen und Gießen entstehenden Dämpfe leicht entweichen können, ist für eine Stereotypie notwendig.

Wir führen hier die, für eine mittlere Stereotypie oder Buchdruckerei zweiten Ranges notwendigen Einrichtungs= Gegenstände an. Dieselben sind für den rationellen Betrieb eines solchen Unternehmens unerläßlich notwendig.

Ein oder zwei untermauerte Fundamente zum Schließen der Formen und Einklopfen der Matrizen.

Ein Trockenapparat.

Ein Gießofen.

Ein Gießapparat mit Winkel und zwei Gießkellen.

Ein Bestoßzeug mit zwei Facettenhobelmesser und zwei Gradhobelmesser.

Mehrere Schließrahmen.

Stereotypie=Schließstege auf Schrifthöhe in genügendem Vorrath.

Eine Anzahl Setzstege und Ausschluß.

Eine Klopfbürste.

Einen Drillbohrer samt einer Anzahl Spitzen.

Eine eiserne Laubsäge samt einem Vorrat von Säge= blättern.

Einige Lötkolben diverser Größe.

Ein Tischlerhobel zum Bestoßen der Fußhölzer.

Eine Säge, sogenannter Fuchsschwanz.

Eine Bank zum Sägen.

Ein Gießlöffel.

Ein Seih= oder Kräz=Löffel.

Ein Klopfholz.

Eine eingeölte Tuchwalze

9*

Mehrere dichte Filzblätter in der Dimension des Trocken=Apparates.

Eine Lupe.

Ein Kleistertopf mit immer genügendem Vorrat an Kleister.

Mehrere Sorten kleinere Nägel zum Aufnageln der Platten.

Eine Auswahl von Holzklötzen zu den Klischee=Füßen.

Ein Gummitopf mit immer genügendem Vorrat von aufgelöstem Gummi.

Eine Flasche Spiritus (für den Kleisterzusatz).

Ein spitzzulaufender Kleisterpinsel.

Mehrere Stück Schirting in der Dimension des Trocken=apparates.

Ein Fläschchen Salzgeist und Pinsel zum Löten.

Ein Stück Salmiak zum Löten.

Ein Vorrat von Federweiß samt einer weichen Bürste.

Eine Waschbürste für Reinigung der Formen.

Eine Flasche Terpentin zum Reinigen der Formen.

Ein Vorrat an Seiden=, Lösch= und besserem Druck=papier

Ein Vorrat an Pappendeckel=Streifen.

Ein Werkzeugbrett mit: Corrigirahl, Corrigirzange, mehreren Sticheln, Holzbohrer Beißzange, einigen Feilen, Versenker, Holzraspel, Hammer, Schere.

Anhang.

Die Celluloid-Stereotypie.

Einleitung.

Die freundliche Aufnahme, welche meine kleine geschichtlich technische Studie: „Das Celluloid in den graphischen Künsten" s. B. durch die Veröffentlichung in der „österr. Buchdrucker-Ztg." (Wien 1882) fand, bewog mich, den Artikel, vielfach revidiert, hier neu abzudrucken.

Der Zweck dieser Studie war und ist ein mehrfacher: Sie soll nicht allein ein erster Entwurf für ein zukünftiges geschichtlich-technisches, erschöpfendes Werk sein, sondern soll besonders der graphischen Familie Alles das gesammelt vor Augen führen, was bisher in vielen Fachblättern und Werken zerstreut zu finden war. Die Quellen, die ich zu meiner Studie benützte, sind, außer den Mitteilungen von Experimentatoren, Dr. Böckmanns Werk: das Celluloid (A. Hartleben's Verlag), Waldows: Encyklopädie der graphischen Künste (Leipzig) und fast alle deutschen und fremdländischen Fachblätter, sowie gewerbliche Zeitschriften.

Endlich hat die Studie noch den Zweck: das Interesse bei denjenigen wach zu erhalten, welche mit dieser Erfindung näher vertraut sind, sowie neue Freunde für die Sache zu gewinnen. Vielleicht, daß wir in nächster Zeit in Deutschland doch ein Institut erstehen sehen, welches die Fabrikation von Celluloid kultivieren wird. Wir hoffen dies umsomehr,

als die Erfindung bereits aus dem Stadium des Experi-
mentierens heraus ist und auch die Erfindung für Deutschland frei geworden ist, nachdem das Patent, welches der
Erfinder nahm, bereits erloschen ist. Vivat sequens!

Geschichte und Leistungsfähigkeit.

Die Vorteile, welche dieses, mit so wertvollen Eigenschaften ausgestattete Celluloid besitzt, sind fast für die meisten
Zweige der Industrie sehr große.

Gegenwärtig sind die Vorteile dieses Stoffes leider in ein
etwas ungünstiges Licht gestellt, was lediglich den Sensations-
Artikeln über seine Feuergefährlichkeit zuzuschreiben ist. Es
sind nicht allein die Tages-Journale, welche iu diversen
„Eingesandt" die haarsträubendsten Dinge da verkünden,
sondern leider auch einige Fachblätter, wo sich solche Angaben
kritiklos eingeschmuggelt haben.

Zunächst ist zu bemerken, daß das Celluloid überhaupt
nur durch eine offene Flamme sich entzünden kann. Ferner
läßt sich entflammtes Celluloid sehr leicht ausblasen. Ich
selbst habe viele Versuche in Betreff der Entzündung dieses
Stoffes gemacht und gefunden, daß die sentationellen Mitteilungen wirklich nur Sensations-Macherei ist. Gehen wir
nun zur Erfindung über.

Der Vorläufer des Celluloid war das, vor ungefähr
zwanzig Jahren in Birmingham erfundene, nach dem Erfinder
Parkes benannte Parkesin, welches, aus entwässertem Holz-
naphta und Schießbaumwolle erzeugt und später vielfach
verbessert, zu allen Arten von Industrie-Gegenständen Verwendung fand.

Bald darauf, im Jahre 1869, wurde von der Buchdruckerfirma Brüder Hyatt in Newark, bei Versuchen zur
Herstellung einer, den atmosphärischen Einflüssen nicht unter-
worfenen Walzenmasse, das Celluloid erfunden. Dieser Name

rührt daher, daß die zu seiner Fabrikation verwendete Collo=
diumwolle aus Cellulose hergestellt wird.

Nach jahrelangen Bemühungen gelang es der oben ge=
nannten Buchdruckerfirma, jenen Stoff fabriksmäßig herzu=
stellen. Die hauptsächlichsten Materialien zur Celluloid=
Fabrikation sind: Baumwolle, Leinen, Papier, die aus Nadel=
hölzern gewonnene Holzcellulose und Kampfer.

Die Fabrikation beruht darauf, daß die Schießbaum=
wolle oder Collodiumwolle sich unter gewissen Umständen
im Kampfer auflöst und dabei mit letzterem ein neues Produkt,
das Celluloid, liefert. Diese Lösung der Schießbaumwolle
erfolgt, wenn man dieselbe unter Druck mit Kampfer oder
mit einer alkoholischen Lösung von Kampfer erwärmt oder
wenn man sie bei gewöhnlicher Temperatur mit einer Lösung
von Kampfer in Äther oder Holzgeist zusammenbringt. Ge=
genwärtig unterscheidet man vier Methoden der Fabrikation,
die wieder in die Herstellung auf warmem und kaltem Wege
zerfallen.

Der Rohstoff hat etwa das Aussehen von blondem
Horn, ist schwach durchscheinend, hart, fest, unzerbrechlich und
sehr elastisch. Bei Erwärmung von 125 Grad C. wird das
Celluloid plastisch, so daß man ihm in diesem Zustande jede
gewünschte Form geben kann. Wird das Celluloid bis auf
etwa 140 Grad C. erwärmt, so verliert sich die blonde
Hornfarbe und das Durchscheinende plötzlich. Erhöht man
alsdann noch die Temperatur um etwa 5 Grad, so zersetzt
es sich und geht mit großer Schnelligkeit in Rauch auf.
In das erwärmte, plastisch gewordene Celluloid lassen sich
mit größter Leichtigkeit Metalle einlegen, mit welchen es sich
beim Erkalten wie ein fester Kitt verbindet.

Als weitaus bedeutendster Sitz für Celluloid=Industrie
ist die kleine Stadt Newark bei New=York im Staate New=
Jersey zu bezeichnen. Dort ist auch der Sitz der „Celluloid
Manufakturing Company", welche die bedeutendste Celluloid=

fabrik der Erde besitzt. Schon im Jahre 1877 gab es in
den Vereinigten Staaten von Nord=Amerika fünfzehn Fab=
riken, die sich mit der ausschließlichen Verarbeitung von
Celluloid beschäftigten. —

Nach mehrjährigen Versuchen trat der Pariser Bild=
hauer Emil Janin im Jahre 1880 mit den ersten gelungenen
Proben von Celluloid=Klischees für die Buchdruckpresse in
die Öffentlichkeit. Die Idee fand er bei den Experimenten,
die er über die plastischen Eigenschaften des Celluloids an=
stellte. Gleichzeitig mußte er aber auch darauf denken, eine
feste Masse für die Matrizen zu finden. Diese Masse fand
er in dem sogenannten Janina's Cement. Die ersten Druck=
versuche, welche der Erfinder in großen Buchdruck=Etablisse=
ments von Paris und London anstellte, fielen zur vollsten
Befriedigung aller daran Betheiligten aus. Beim Besuche
in Wien brachte der Erfinder mehrere Druckstöcke mit, welche
sich durch ihre besondere Schärfe auszeichneten. Die durch
Certificate der ersten englischen und französischen Offizinen
bewiesene Widerstandsfähigkeit der Celluloid=Klischees ist eine
große; in London wurden 100.000 Abdrücke von einem
Stock geliefert, der nach einer solchen Leistung auch nicht
die geringste Spur von Abnützung zeigte. In der Druckerei
Lahure in Paris legte man, nachdem 25.000 Abdrücke von
einem Klischee gedruckt worden waren, eine Spatie von sechs
Punkten auf dasselbe, ließ den Cylinder mehrere Male dar=
über hinlaufen, ohne daß sich auch nur die geringste Spur
von Beschädigung an dem Klischee gezeigt hätte. Im Jahr=
gang 1880 der „Österreichischen Buchdrucker=Zeitung" (Wien)
ist das so mißhandelte Klischee abgedruckt.

Die ausgedehnten Versuche mit Celluloid in Wien,
seitens der Hof= und Staatsdruckerei, verschafften auch die
vollste Bestätigung, daß dieses Material entschieden eine
große Zukunft hat. Dasselbe Institut erzielte auf der Kupfer=

druckpresse so erfreuliche Resultate, daß die ältesten Fach=
männer dieses graphischen Zweiges entzückt waren.

Es wurde bei diesen ausgedehnten Versuchen aber auch
konstatirt, daß die Klischerie in Celluloid nur dann für
Producent und Konsument nutzbringend sein kann, wenn der
Betrieb in Großem geschehen kann. Die Versuche der Leip=
ziger Typographischen Gesellschaft waren minder günstige;
dieselbe konstatirte schon bei 10.000 ein Stumpfwerden etc.
Als treffliches Gegen=Beispiel verweise ich auf das Bild
„Der Hafen von Piräus" aus dem Werke „der Orient"
(Verlag von A. Hartleben), welches im Jahrgang 1880 der
„Österreichischen Buchdrucker=Zeitung" zum Abdrucke gelangte.
— Die Manier des Bildes zeigt schon die Schwierigkeit in
der Behandlung: der Herstellung des Celluloid=Klischees, der
Zurichtung und des Druckes, und ich kann dafür bürgen,
daß von demselben Stocke 95.000 Abdrücke, sage: Fünfund=
neunzigtausend Abdrücke in der Officin Jasper gemacht wurden.
Das Bild läßt an Reinheit und Schärfe nichts zu wünschen
übrig.

Gegenüber den größeren Graden von Holztypen bieten
Celluloidtypen ebenfalls einen großen Vorteil, indem letztere
nicht geädert sind und daher im Drucke ein schöneres Bild
erzeugen. Mittelst der Celluloid=Stereotypie lassen sich
Muster von Spitzen, Seidenzeugen, Blätter etc. mit Leichtig=
keit naturgetreu wiedergeben.

Ein bekannter Fachmann Deutschlands, Ferdinand Schlotke
in Hamburg, hat die besonderen Vorteile des Celluloids in
der Buchdruckerkunst vor anderen Vervielfältigungs=Methoden
zusammengestellt und entnehmen wir dem Gewährsmanne
Folgendes: Weder bei Herstellung der Matrize, noch beim
Pressen des Klischees wird irgend einem fremden Stoffe eine
Vermittlerrolle zugeteilt, wie sie bei der Galvanoplastik der
Graphit spielt, und dieser Umstand giebt dem Joninschen
Verfahren ohne Zweifel einen gewissen Vorzug. Durch den

Graphitüberzuges des Originals bei der Galvanoplastik wird eine Verringerung der Tiefen, resp. der feinsten Punkte und Linien herbeigeführt. Daraus erklärt es sich, daß die Galvanos im Drucke dunkler erscheinen als die Originale. Bei den Celluloid-Klischees werden die Lichter besser erhalten und die Abdrücke sind genau so klar und fein wie die Originale. Zur Herstellung der Celluloid-Klischees bedarf es erstens wenig Handarbeit und zweitens geringer Zeit, wodurch eine bedeutende Ersparniß erzielt wird. Man kann annehmen, daß die Ausfertigung eines guten Galvanos cirka 30 Stunden beansprucht, während für ein Celluloid-Klischee eine halbe Stunde, und wenn das Original eine Kupferplatte ist, eine viertel Stunde genügt. Der Preis der Galvanos beträgt im Durchschnitte 2—3 Pfennig per Quadratcentimeter; Celluloid-Klischees lassen sich zu $\frac{1}{2}$ Pfennig per Quadratcentimeter herstellen und das dazu verwendete Material behält stets die Hälfte des Wertes für die Fabrikation. Nach 25—30.000 Abzügen beginnen die Galvanos bereits Abschwächungen zu zeigen, von den Celluloid-Klischees kann man jedoch eine unberechenbare Zahl von Abbrücken machen, ohne daß sie ihre Schärfe verlieren. Diese große Widerstandsfähigkeit erklärt sich einmal durch die Härte des Materials, dann durch die Elasticität und schließlich durch die Glätte seiner Oberfläche, welche durch den starken Druck bei der Anfertigung entstanden und die der Reibung keinen nennenswerten Einfluß gestattet. Die Einführung der Rotationsmaschine hat auch das Biegen der galvanischen Klischees notwendig gemacht. Während es nun aber unmöglich ist, die gleichen Galvanos beim Drucke auf einer gewöhnlichen Schnellpresse und auch auf einer Rotationsmaschine zu benützen, gestattet die Biegsamkeit des Celluloids, diese je nach Bedarf, bald flach, bald gebogen zu verwenden. Alles in Allem sind die Vorteile des Celluloid-Klischees die nachfolgenden: 1. Biegsamkeit in der Hitze, welche ein leichtes

und rasches Mutiren selbst bei Rotationsmaschinen erlaubt.
2. Haltbarkeit unter jeder Bedingung, wodurch tadelloser
Druck der größten Auflagen (Satz und Illustration) möglich
ist. 3. Reparaturen sind ebenso leicht wie bei gewöhnlichen
Klischees zu machen. 4. Schnelligkeit der Herstellung, welche
für jedes beliebige Format nicht mehr als eine halbe Stunde
in Anspruch nimmt.

Für Buntdruck ist Celluloid entschieden den Galvanos
vorzuziehen, da keine Farbe irgend welche chemische Wirkung
auf dasselbe ausübt.

Im Jahre 1882 hatte sich in New-York eine Gesellschaft unter dem Namen „Celluloid-Stereotypie Comp. of
Amerika", mit einem Kapitale von 50.000 Dollars organi-
siert. Durch Patenterwerbung hat sich die Gesellschaft das
ausschließliche Recht für die Benutzung von Celluloid zum
Stereotypieren in den Vereinigten Staaten erworben. Sie
beabsichtigt jedoch, nicht das Geschäft allein zu monopolisiren
sondern will Verträge mit solchen Firmen abschließen, welche
in anderen Städten sich die Erfindung ebenfalls zu Nutze
machen wollen.

Ein gewerbliches Blatt hebt auch hervor, daß bei Ver-
sendung der Celluloid-Klischees die Leichtigkeit des Materiales
dem Absender zu Gute kommt, indem es wie ein Brief ver-
packt werden kann und dem Empfänger keine Schwierigkeiten
mit der Zoll- und Postbehörde verursacht, eine Manipulation,
die oft einen halben Tag in Anspruch nimmt.

Technischer Teil.

Janin's Presse mit Kühlapparat.

Um die ganze Feinheit der Zeichnung im Celluloid zu
erhalten, muß jede Zusammenziehung des abgenommenen
Klischees vermieden werden. Dieses kann nur dadurch er-

möglichſt werden, daß das Celluloid noch am Originale, unter
dem Drucke, raſch abgekühlt wird. Der Erfinder, Janin,
hat ſich bei ſeiner Preſſe einen Kühlapparat patentiren laſſen.
Dieſe verbeſſerte Preſſe läßt ſich folgendermaßen ſchildern:
Sie beſteht in ihrem unteren Teile aus einem hydrauliſchen
Druckwerke, nämlich aus einem Cylinder, welcher den hydrauliſchen Kolben enthält, deſſen Kopf die untere Preßplatte
trägt. Der Preß=Cylinder bildet gleichzeitig das Grundgeſtell
der ganzen Preſſe und trägt zwei cylindriſche Säulen, welche
zur Führung der beiden Preßplatten dienen und welche den
Cylinder der hydrauliſcheu Preſſe mit dem oben befindlichen
Querhaupte verbinden. In dem Querhaupte ſitzt eine ſehr
große Mutter, in welcher eine ſtarke, mit flachem Gewinde
verſehene Schraubenſpindel auf= und niederſteigt, ſobald man
ſelbe durch das darauf befeſtigte Schwungrad mit den
Handgriffen in Umdrehung verſetzt. Am unteren Ende der
Spindel hängt die obere Preßplatte, welche in vertikaler
Richtung durch die beiden Säulen ſich führt. Die Schrauben=
ſpindel geſtattet die obere Preßplatte ſehr ſchnell zu ſenken,
um ſie mit der Celluloid=Platte in Berührung zu bringen,
ſobald jene im angewärmten Zuſtande mit der ebenfalls angewärmten Matrize auf die untere Preßplatte gebracht iſt.
Man giebt hierauf in dem hydrauliſchen Cylinder Druck,
der Kolben hebt ſich und ſeine Kopfplatte (untere Preßplatte)
preßt unter hohem Drucke das Celluloid in die Matrize.
Sobald der erforderliche Druck erreicht iſt, wird eine plötzliche
Abkühlung erforderlich. Zu dieſem Zwecke iſt jede Preßplatte
mit Kanälen, welche ſchlangenförmig gewunden und dicht
nebeneinander liegen, verſehen. Dieſe Kanäle ſind durch
Kautſchukſchläuche einesteils mit dem Zuführungsrohre, andernteils mit dem Abflußrohre verbunden, wodurch eine
Cirkulation von kaltem Waſſer durch die Platten und
ſchnelle Abkühlung der fertig gepreßten Kliſchees erzielt
wird.

Formmasse der Matrize.

Die Formmasse besteht aus sogenannter Bleiglätte, gelbem Bleioxyd und einer Mischung von Glycerin. Die Masse selbst ist keine neue Erfindung, da Bleioxyd in Verbindung mit Ölen in vielen Gewerben altbekannte Kitte abgiebt. In der Celluloid=Klischee=Fabrikation hat der Erfinder dieser Masse den Namen „Janina=Cement" beigelegt. Bleiglätte sowohl, als Glycerin (Ölsüß) ist im Handel käuflich zu haben. Bleiglätte und Glycerin werden sorgfältig zu einem halb= flüssigen Brei zusammengerieben und ist auf die innige Ver= mengung der Ingredienzien besondere Sorgfalt zu verwenden, damit die Masse in allen ihren Teilen die gleiche Konsistenz aufweist. Die Masse giebt die zartesten Details des Holz= schnittes oder Kupferstiches etc. wieder und erhärtet je nach der Höhe der benutzten Temperatur (von 14 bis 40 Grad C.) und kann im erhärteten Zustande leicht vom Stocke abge= nommen werden. Da beim weiteren Formen der Matrize auch eine Masse von dichterer Konsistenz erforderlich ist, so muß stets eine solche bereit stehen.

Matrizen.

Die halbflüssige Masse wird in dünner Schichte als erste Lage auf dem gereinigten Holzschnitt etc. in ähnlicher Weise wie die erste Gypslage bei der Gypsstereotypie auf= gestrichen. Die Masse darf beim Ausbreiten auf dem abzu= nehmenden Stocke keine Blasen machen. Hierauf wird die konsistentere Schichte aufgestrichen, und zwar so hoch, bis die Matrize die erforderliche Stärke (je nach der Größe des zu reproducierenden Bildes etc.), in der Regel drei bis fünf Millimeter, erlangt hat. Die Masse schadet in keiner Weise dem Holzschnitte. Die Anfertigung ist von verschiedener Zeitdauer und wird auf kaltem Wege bei Holzschnitten auf zehn bis zwanzig Minuten angegeben, auf warmem Wege mit zwei bis vier Minuten. Das Warmverfahren eignet sich besonders bei Stahl= und Kupferstichen oder Typensatz, überhaupt nur bei solchen Gegenständen, die die oben ange= gebene Temperatur ertragen.

Klischieren.

Man bringt die Matrize auf die untere Platte der oben beschriebenen hydraulischen Presse und legt über erstere eine Celluloid=Platte. Die Stärke der Celluloid=Platten variirt zwischen ein und fünf Millimeter. Das Celluloid wird nun unter hohem Druck (120—130 Atmosphären) in die Matrize gepreßt und der Druck fünf bis sechs Minuten angehalten. Während dieser Zeit wird die Presse bis zu einer Temperatur von 120—125 Grad C. erhitzt, wodurch das Celluloid die nöthige Weichheit erlangt. Nach diesem Vorgange wird die Presse durch Einströmen von Wasser, wie wir es schon geschildert haben, abgekühlt, hierauf geöffnet und der bereits gekühlte Celluloid = Abklatsch von der Mater abgenommen. Nach anderen Angaben ist es ratsam, die Matrizen stark zu erwärmen, bevor sie mit den ebenfalls erwärmten Celluloid= Platten in Berührung kommen; zu diesem Zwecke erhitzt man Matrize und Celluloid auf einer heißen Eisen= oder sonstigen Metallplatte.

Tonplatten.

Tonplatten finden sowohl im Buchdruck, als in der Lithographie Verwendung. Die Herstellung ist folgende· Eine plane Celluloid=Platte von entsprechender Stärke und Größe wird auf Holzfuß aufgeleimt. Auf weißes Papier wird ein Abzug der betreffenden Form gemacht, dieser auf das Celluloid überdruckt und darauf die Tonplatte mit dem Messer und in den feineren Partien mit dem Stichel aus= gearbeitet. Nach Vollendung des Ausschneidens ist die Platte druckfertig und giebt die politurglatte Oberfläche des Cellu= loids die saubersten Abdrücke. Dieses Verfahren ist durch

Mitglieder der Typographischen Gesellschaft in Leipzig bereits praktisch erprobt worden und hat sich ausgezeichnet bewährt. Schelter & Giesecke daselbst verfertigen solche Platten, und soll die Nachfrage nach denselben fortwährend im Steigen begriffen sein.

Befestigen der Celluloid-Platten.

Zum Aufkleben von Celluloid auf Holz 2c. verwendet man eine Mischung von 1 Teil Schellack, 1 Teil Kampherspiritus und 3—4 Teilen Alkohol von 90 Grad. Ein guter Kitt für Celluloid ist, außer Collodium, reines, ganz fein geschabtes Celluloid in 90grädigem Spiritus gelöst.

Korrigieren.

Das Korrigieren in Celluloid-Klischees ist dem des Holzschnittes ganz ähnlich: der schadhafte Teil wird herausgeschnitten und ein passendes, planes, mit der Bildfläche Linie haltendes Stück eingesetzt, worauf mit dem Stichel das Fehlende nachgestochen wird.

Waschen der Platten.

Das Waschen der Celluloid-Platten geschieht mit Terpentin, Benzin oder mit Lauge und ist dabei jene Vorsicht anzuwenden, die man dem Holzschnitte oder der Schrift angedeihen läßt.

Bemerkung.

Auch die Buchbinderkunst bemächtigte sich bereits des Celluloids, indem dieselbe anstatt gepreßter Pappe Celluloiddecken zu Büchereinbänden verwendet.

Bezüglich des photographischen Gelatinedrucks hat Despaquis in Paris eine wichtige Verbesserung eingeführt. In seiner Maschine für endloses Papier ersetzt er beim Drucke von Text mit photographischen Illustrationen die gebogenen Glastafeln durch dünne Celluloidblätter. Das Celluloid gewährt vor dem Glase die großen Vorteile der leichten Biegsamkeit und Unzerbrechlichkeit, wodurch die Blätter befähigt werden, einen sehr starken Druck auszuhalten. Außerdem eignet sich diese Substanz wegen ihrer Transparenz sehr wohl für alle beim photographischen Verfahren vorkommenden Manipulationen, insbesondere der Belichtung durch die Rückseite und des Zusammenlötens beider Belichtungen, so daß eine unbeschränkte Zahl von Abdrücken von Photographien mit allen ihren Halbtönen zulässig ist.

Das Xylonit.

J. E. Haidegger in Wien hatte zu Beginn des Jahres 1884 eine Werkstätte für Celluloid=Stereotypie (Buchdruck=Klischees und Stampiglien) errichtet. Um der Erfindung mehr den Weg zu bahnen, verwendete er später das sogenannte Xylonit, ein Produkt, das, aus einer billigeren Pflanzenfaser erzeugt, dieselben Eigenschaften und wie Haidegger meint, sogar Vorzüge vorm Celluloid besitzt. Über diese technischen Vorzüge und den praktischen Wert sagt der Genannte Folgendes:

Xylonit hat die Eigenschaft, dem Stichel ein gefügiges Material zu bieten; ferner ist es ein dichter Stoff, der nicht im Entferntesten so porös als Holz oder Metall ist, die Abzüge erscheinen in Folge der letzten Eigenschaft vorzüglich gedeckt, ein nicht zu unterschätzender Vorteil beim Druck von Illstrationen, wo sich lichte und dunkle Stellen oft unmittelbar begegnen; das Xylonit nimmt jede gewünschte Form an, und schmiegt sich deshalb leicht an den Cylinder

einer Rotationspresse an; die Zurichtung von unten ist er-
folgreicher als bei Metall und verwendet man dünne Plättchen
von weich vulkanisiertem Kautschuk; der Preis der Xylonit=
Klischees ist, gegenüber den Galvanos, im Durchschnitt
60—70% niedriger; durch die bedeutende Haltbarkeit sind
diese Klischees auch relativ billiger als Stereotypen oder
Galvanos; dadurch aber, daß gebrauchte Platten mit geringem Kostenaufwand wieder einer weiteren Verwendung
zugeführt werden können, sind Xylonit=Klischees thatsächlich
billiger; in letzterer Beziehung ist ein Rückkaufspreis von
4 Mark per Kilo angenommen, was einer 25%/₀ Rücker=
stattung des für die Platte ausgelegten Preises entspricht.

Druck von Schmidt & Baumann Leipzig=Reudnitz.

www.ingramcontent.com/pod-product-compliance
Lightning Source LLC
Chambersburg PA
CBHW020556270326
41927CB00006B/860